간신열전

간신열전

이한우 지음

홍익출판 미디어그룹

들어가는 말

누가 간신인가?

간신(奸臣), 또는 간신(姦臣)이란 한 마디로 '간사한 신하'라는 뜻이다. 간사한 신하란 그 마음가짐이 신하로서 갖춰야 할 바른 마음을 내팽개치고 오로지 자신의 이익만을 위해 온갖 수단을 써서 군주나 자신이 모시는 주군을 해롭게 하는 자라고 할 수 있다.

그런데 전근대사회와 근대사회를 나누는 가장 큰 잣대가 자기 욕망의 인정 여부 아닌가? 게마인샤프트(Gemeinschaft, 공동사회)와 게젤샤프트(Gesellschaft, 이익사회)로 넘어오는 것도 자기 이익의 긍정 여부다. 물론 아담 스미스에 의한 경제학의 탄생 또한 이기심의 인정이 있었기에 가능하다.

따라서 '자신의 이익만을 위해'에만 초점을 맞춘다면 근대(혹은 현대)사회에서 간신의 문제를 정색하고 제기하는 일은 자칫 시대착오적인 작업이라는 비판을 면하기 어렵다. 그렇기 때문에 필자는 '오로지 자신의 이익을 위해 온갖 수단을 써서'라고 했다. 자기 이익을 추구하는 것 자체가 문제가 아니라 이처럼 수단과 방법을 가리지 않는 데서 간신의 문제점을 추출해낼 때라야 그것은 전통사회뿐만 아니라 현대사회에서도 유효한 문제 제기가 될 수 있다.

보다 중요한 문제가 있다. 대체 현대사회에서 '신하Subject'라는 게 있을 수 있는가? 군주정이 아닌 민주정에서 무슨 신하가 있을 수 있는가? 신하가 없는데 무슨 간사한 신하, 즉 간신이 있을 수 있단 말인가?

영어로 '간사한 신하'는 'a treacherous retainer(subject)'라고 한다. 흥미로운 점은 간(奸, 姦)에 해당하는 'treacherous'라는 말의 다양한 뜻이다. 이 말은 야심적인ambitious, 반역적인rebelious, 표리부동한deceptive, double-faced, 사악한wicked 등을 가리킨다.

이 점은 고스란히 우리가 말하는 간신의 '간(奸)'의 뜻과 합치한다. 즉, 신하라는 신분의 문제보다는 이 같은 행태에 초점을 맞춰 간신의 문제를 다뤄가고자 하기 때문에 여전히 현대사회에서의 간신 문제는 현실 적합성을 갖는다고 할 수 있다.

정리하자면, 전통사회에서 제기되던 고정관념으로서의 간신론

을 해체하고 현대사회에 맞게 재구성된 간신 개념을 갖고서 전통
사회에 등장했던 여러 간신들의 실상을 짚어보려는 것이 이 책의
기본 골자다.

따라서 전통사회에서는 가혹한 비판의 대상이 되었던 인물들
이 경우에 따라서는 좀 더 우호적인 시각으로 해석될 수도 있고,
물론 그 반대의 경우도 있을 수 있다. 그러면 도대체 간신이란 무
엇인가? 특히 현대 조직사회에서 간신이란 무엇인가? 이것이 바
로 우리의 물음이다.

공자가 생각한 간신의 모습

필자가 오랫동안 탐구하고 있는 중국의 옛 사상가 공자(孔子)는
《논어(論語)》에 국한해서 보면 군자와 소인의 이분법에는 참으로
많은 노력을 쏟은 반면에 충신과 대비되는 간신이라는 개념에 대
해서는 그다지 관심을 보이지 않았다.

다만 거기에 가까운 개념을 찾자면 말재주 부리는 신하 '영신
(佞臣)'을 조심해야 한다고 여러 차례 경고한 정도다. 《논어》〈위
령공(衛靈公)〉편에서 수제자인 안회(顔回)가 나라를 잘 다스리려
면 어떻게 해야 하는지 묻자 이렇게 답했다.

"정나라의 음악을 추방하고, 말재주 부리는 사람을 멀리해야 한
다. 정나라의 음악은 음탕하고 말 잘하는 사람은 도리를 위태롭게

하기 때문이다."

　굳이 간신이라는 말은 사용하지 않았지만 공자의 용어 중에서
그것에 가장 가까운 말은 '영인(佞人)', 혹은 '영신'이다. 얼핏 보
면 말을 그럴듯하게 잘해서 윗사람이나 임금이 혹하기 쉽지만,
실은 그것은 도리에 맞지 않은 말이다.

　우리가 흔히 나이 마흔에 이르러야 한다고 공자가 말한 '불혹
(不惑)'도 이런 문맥이다. 임금이 눈이 밝아 아랫사람의 간사한
말에 혹하지 않아야 불혹했다고 할 수 있다. 유혹에 흔들리지 않
는다는 뜻이 아니라는 말이다.

　대신 공자는 군자와 소인의 이분법을 사용했다. 간단히 말하면
공적인 도리에 입각해 일을 풀어가는 사람이 군자이고, 사적인
욕심에 휘둘리는 사람이 소인이다. 그래서 임금 중에도 '군자형
임금'과 '소인형 임금'이 있을 수 있고, 신하 중에도 '군자형 신하'
와 '소인형 신하'가 있을 수 있다.

　이것만 보아도 군자와 소인의 이분법은 신하에게만 해당되는
유형인 충신과 간신의 이분법과는 확연하게 다르다는 사실을 알
수 있을 것이다.

　그러나 공자가 편찬한 것으로 전해지는 삼경(三經), 즉 《시경(詩
經)》, 《서경(書經)》, 《주역(周易)》을 면밀히 살펴보면 우리가 이 책

에서 다루는 다양한 형태의 간신들에 대해 간절히 경계하고 있음을 확인할 수 있다. 이에 대한 공자의 언급은 유형별로 각 장에서 나눠 다뤄갈 것이다.

충신과 간신은 임금이 만든다

눈 밝은 임금 아래에서는 간신이 생겨날 가능성이 별로 없다. 조선 역사에서는 태종이 대표적이다. 반면에 간신은 어두운 임금이 만들어내는 것이다. 조선 역사에서는 연산군, 명종, 철종 등이 그런 유형이다.

그러면 임금이 눈이 밝다는 것은 정확히 무슨 뜻일까? 여기서 《논어》〈안연(顏淵)〉편에 나오는 다음 구절을 음미해보자. 눈 밝음이 무엇인지 정확히 풀이하고 있기 때문이다.

자장이 '밝다', 혹은 '밝음'에 관해 묻자, 공자가 말했다.
"점점 젖어드는 (동료에 대한) 참소와 살갖을 파고드는 (친지들의 애끓는) 하소연을 (단호히 끊어) 행해지지 않게 한다면, 그것이야말로 밝다고 말할 수 있다."

여기에 간신의 전형적인 행태 두 가지가 들어 있다. 하나는 뛰어난 동료에 대한 음해와 중상모략이고, 또 하나는 자신의 사사로운 이익 추구이다. 하나는 '참신(讒臣)'이고 또 하나는 '영신', 혹은 '유신(諛臣)'이다. 이 둘은 간신의 근본 행태이다. 따라서 이 두 가지를 사전에 틀어막을 줄 아는 임금이라야 눈 밝은 군주라고 할 수 있는 것이다.

그런데 이것은 저절로 되는 것은 아니며 철저한 리더십 훈련을 갖출 때라야 가능하다. 공자는 직접 누구를 간신이라고 말하지는 않았다. 그저 점잖게 소인이라고 불렀을 뿐이다.

간신을 정의한 인물은 한(漢)나라 때 유학자 유향(劉向)이다. 그는 《설원(說苑)》에서 이렇게 말했다.

> 첫째, 관직에 편안히 있으면서 녹봉이나 탐하고 공무에는 힘쓰지 않은 채 시세에 따라 부침하며 주변이나 관망하는 자를 '구신(具臣)', 즉 자리만 차지하고 있는 신하라 한다.
>
> 둘째, 군주가 하는 말은 모두 좋다고 하고 군주가 하는 일은 모두 옳다고 하면서 몰래 군주가 좋아하는 것을 알아내어 군주의 귀와 눈을 즐겁게 하고, 구차스럽게 군주에게 모든 것을 맞추느라 그 후에 닥치게 될 위험은 돌아보지 않는 자를 '유신', 아첨하는 신하라 한다.
>
> 셋째, 속마음은 음흉하면서 겉으로는 조금 삼가는 척하며, 교묘한 말을 하고 안색을 잘 꾸며대고 자신이 천거하려는 자에 대해서는 장점만 드러내고 악은 숨기며 쫓아내려는 사람에

대해서는 단점만 드러내고 장점은 숨겨 군주에게 상과 벌을 부당하게 내리도록 하는 자를 '간신', 즉 간사한 신하라 한다.

넷째, 지략은 자신의 잘못을 꾸미기에 충분하고 말솜씨는 누구든 설득시키기에 충분해서 안으로는 형제 사이를 이간시키고 밖으로는 조정의 난을 빚어내는 자를 '참신', 즉 중상모략 하는 신하라 한다.

다섯째, 권세를 제멋대로 하여 일의 경중을 바꾸고 사사로이 붕당을 만들어 자기 파벌을 키우고 군주의 명령을 멋대로 속여 자신을 높이려는 자를 '적신(賊臣)', 즉 자리를 도적질하는 신하라 한다.

여섯째, 간사한 말재주로 군주를 불의에 빠트리고 군주의 눈을 가려 흑백을 구별하지 못하게 하며 군주의 잘못을 나라 안에 퍼뜨려 사방 이웃나라에까지 소문나게 하는 자를 '망국지신(亡國之臣)'이라 한다.

실은 이들 여섯 가지 유형은 모두 이 책에서 말하는 간신의 개념에 다 포함된다고 할 수 있다. 간신의 역사는 어쩌면 인간 역사의 시작과 더불어 탄생했는지 모른다. 인간이 조직을 건설하면서부터 권력욕이 생겨났고, 이에 따라 수단과 방법을 가리지 않고 좋은 자리에 가려는 개인들의 노력과 시도는 자연스럽게 있어 왔다.

그중에 어떤 자는 속뜻을 숨기고 주군의 자리까지 넘본 간신도 있었고, 그저 작은 이익이나 얻고자 거짓말과 술수를 쓰는 소심한 간신도 있었다. 또 중간에 속하는 호가호위(狐假虎威)형의 간신들도 많았다.

물론 현대사회는 전통사회에 비하면 욕망 추구 자체를 부정적으로 보지 않는다. 이기심이야말로 근대사회의 출발점이라는 시각 또한 있다. 바로 이런 점을 염두에 두면서 역사 속의 사례로 들어가보자. 다만 역사적 판관의 입장에 서는 것은 경계했다.

감히 역사 속의 인물들에 대해 누구는 충신이고, 누구는 간신이라는 역사의 재판을 감행하려 한 것은 아니다. 다양한 유형의 간신들이 보여준 온갖 행태를 통해 현재 조직사회를 살아가는 이들에게 작은 지혜나마 제공할 수 있다면 이 책을 쓴 목적은 달성되었다고 할 것이다.

보심서실(普心書室)에서
탄주(灘舟) 이한우(李翰雨)

고려 말, 조선 초에
충신과 간신은 어떻게 갈렸을까?

1. 충신과 간신, 그리고 반역자

공민왕 10년(1361년) 10월, 20여만 병력의 홍건적(혹은 홍두적)이 압록강을 건너 고려로 침공해 왔다. 그 전해에 수만 병력으로 침입해 서경(평양)까지 점령했다가 고려군의 반격으로 참패한 1차에 이은 2차 홍건적의 침입이었다.

1차 때와 달리 파죽지세로 남진을 거듭한 홍건적은 11월 24일 수도인 개경을 함락시켰다. 그때 이미 공민왕을 비롯한 왕실은 11월 19일 남쪽으로 몽진 길에 나선 뒤였다.

고려가 정세운(鄭世雲, ?~1362년)을 총사령관격인 총병관(摠兵官)으로 삼아 진용을 정비하고 20만 병력을 동원한 반격 작전에 나서게 되는 것은 이듬해 1월이었다. 정세운의 휘하에는 안우,

이방실, 황상, 한방신, 이여경, 김득배, 안우경, 이구수, 최영 등 쟁쟁한 장수들이 포진해 있었다.

고려 말의 혼란기에 20만 병력을 동원할 수 있었다는 것 자체가 기적이었다. 조선시대에 선조가 병조판서 이율곡을 불러 '지금 우리의 군사력이 고려만도 못하다'고 했을 때, 이것은 바로 고려 때의 20만 병력을 염두에 둔 발언이었다.

1월 17일 홍건적이 점령하고 있던 개경을 포위한 고려군은 다음 날 새벽 이성계가 2,000명의 병사를 이끌고 성에 올라 교두보를 확보하자 불과 하루 만에 개경을 탈환한다. 이때 적의 목을 벤 것이 10여 만이라고 하니 홍건적은 사실상 개경에서 몰살당했다.

나머지 10만여 명은 압록강을 건너 달아났다. 중국의 북서지방에서 시작해 북동지방으로 왔다가 고려로 몰려든 홍건적은 개경 땅에서 뿌리째 뽑히고 말았다. 우리 역사에 두고두고 기록되어야 할 대첩을 이룬 것이다.

정세운은 영웅 중의 영웅이 되고도 남음이 있는 공을 세웠으나 그것이 오히려 화근이었다. 오래전부터 정세운과 함께 공민왕의 총애를 놓고 경쟁해 왔던 김용(金鏞, ?~1363년)이 그냥 있을 리가 없었다.

공민왕이 몽골에서 인질생활을 할 때부터 함께 모셨던 정세운과 김용은 한때는 동지로서 정치적 입장을 공유하기도 했었다. 그러나 당시 정세운의 공이 워낙 컸기에 공민왕의 총애를 빼앗길 것을 두려워한 김용은 상상을 초월하는 음모를 꾸민다. 개경 탈환 불과 5일 후의 일이다.

김용은 먼저 공민왕의 편지를 위조해 반격 작전에 참여했던 장수 안우와 이방실을 포섭했다. 정세운을 죽이라는 왕의 밀명이라며 위조편지를 보여준 후 '정세운이 평소에 그대들을 꺼리는데, 이번 홍건적 격파로 큰 공을 세웠으니 그대들은 결코 화를 면하기 어려울 테니 먼저 손을 써야 하지 않겠는가?'라고 설득했다.

안우와 이방실 두 사람은 동료 장수 김득배를 끌어들이려고 했다. 그러나 김득배는 견결하게 반대했다. '이제 겨우 적을 격파하자마자 어찌 우리들끼리 서로 죽인단 말인가?'

그러나 안우와 이방실은 억지로 김득배를 술자리에 참석케 한 다음 정세운을 초청했다. 정세운이 술자리에 들어서자 안우가 주변에 있던 장사들에게 눈짓을 했다. 개경 탈환의 영웅 정세운은 그 자리에서 허무하게 격살되고 말았다.

그것은 김용이 벌이게 될 연쇄살인극의 서막이었다. 김용의 거짓 편지를 믿고 있던 안우는 개경 탈환 및 정세운 제거를 보고하기 위해 당시 안동을 떠나 상주에 머물고 있던 공민왕을 찾아간다. 2월 말의 일이었다.

안우 등이 공민왕을 만나는 순간 김용의 음모와 공작은 백일하에 드러날 판이었다. 이에 김용은 목인길을 시켜 행궁 입구 중문을 들어서던 안우를 쇠망치로 내리쳐 죽인다. 당시 안우의 손에는 김용이 작성한 거짓편지가 들려 있었다.

다시 김용은 공민왕에게 '안우, 이방실, 김득배 등이 함부로 주장(主將, 정세운)을 죽였으니 그 죄를 용서할 수 없다'고 아뢴 다음 이방실과 김득배를 차례로 제거했다. 이렇게 전쟁 영웅들을 간계로 제거한 김용은 결국 이듬해 역모를 꾸미다가 사지가 찢기는 거열형(車裂刑)으로 세상을 떠나게 된다. 김득배의 제자인 정몽주는 제문을 지어 스승의 죽음을 이렇게 애도했다.

오늘의 모든 사람이 여기에서 먹고 여기에서 잠잘 수 있는 것이 누구의 공로인가? 비록 죄가 있어도 공으로써 덮어주어야 옳을 것이며 죄가 공보다 크다 하여도 반드시 그 죄를 자복시킨 후에 처형하여야 옳을 것이다. 그런데 무슨 까닭에 전쟁에서 흘린 땀이 아직 마르지도 않고 승리의 노래 소리가 아직 그치기도 전에 마침내 태산 같은 공로를 칼끝에 피로 화하게 했는가? 이것이 내가 피눈물로써 온 세상에 호소하는 바이다.

그래서 《고려사》는 정세운, 안우, 이방실, 김득배는 〈충신〉편에 실었고, 김용은 〈반역〉편에 실었다.

2. 조선 건축미학의 창시자였던 환관

고려 공민왕 때의 환관 김사행(金師幸)에 대한 기록은 이렇게 시작된다.

> 성질이 간교했으며, 왕의 뜻을 맞추어 정릉(正陵)과 영전(影殿)의 공사를 크게 일으켜 지극히 사치하고 화려하게 지었다. 이로 인하여 재력이 고갈되고 백성이 편히 살지 못하게 되었다.

그가 어떻게 환관이 되고, 공민왕 때 환관으로서는 최고위 직인 내시부 판사에 올랐는지에 관한 정보는 없다. 위에서 말하는 '정릉'이란 공민왕 14년(1365년) 출산 도중 세상을 떠난 공민왕비 노국대장공주(魯國大長公主)의 묘다.

공민왕이 너무도 사랑하여, 그녀가 죽자 정릉을 조성한 다음 초상화를 벽에 걸어놓고 밤낮없이 울었다고 하는 그 노국공주다. 게다가 공민왕은 노국공주의 혼령을 위로하기 위해 화려한 영전을 지어 거기에 진영(眞影, 초상화)을 걸어놓았다. 그 공사의 총책임자가 바로 김사행이었다.

물론 당시의 기준으로 보면 국고를 낭비한 아첨꾼 환관에 불과하다고 말할 수 있지만, 오늘날의 시각에서 재평가하자면 김사행은 무엇보다 건축가적인 능력과 예술적인 감각이 탁월했던 인물이다. 최고 권력자의 구미를 당기기에 충분한 재예(才藝)를 지니고 있었던 것이다. 그가 첫 번째 시련을 맞은 것은 그를 무한 총애했던 공민왕이 시해를 당했을 때였다. 《고려사》에는 이렇게 기록되어 있다.

공민왕이 죽은 후에 왕을 미혹하게 하여 공사를 일으켰다는 논죄를 받아 익주의 관노로 편입하고 그 집을 몰수했다.

그러나 그것도 잠시, 우왕이 그 죄를 용서해주고 고신(告身, 관직을 받는 자에게 주는 임명 증명서)을 돌려주었다. 환관으로 복귀했다는 말이다. 김사행은 우왕과 창왕을 거쳐 공양왕 때 내시부 판사로 복귀했다.

이때의 일화를 보면 김사행이 어떻게 여러 임금들을 구워삶았는지 그 일단을 알 수 있다. 하루는 공양왕이 신하들과 함께 학문을 논하는 경연에 나아가려 하자 김사행이 만류했다.

"많고 많은 날 중에 하루쯤 공부 안 해도 정치에 해로울 것이 없습니다."

이러니 유학을 신봉하는 신하들이 김사행을 좋게 볼 리 없었다. 여기서 그치지 않고 불심이 깊었던 김사행은 공양왕을 불교로 이끌려고 부단히 애를 썼다.

"불교를 무시해서는 안 됩니다. 다 같은 사람인데 누구는 천하의 주인이 되고 누구는 한 나라의 주인이 되며 또 다른 사람은 서민이 됩니다. 그 귀천이 다른 것은 전생에 닦은 선의 차이에 기인할 따름입니다."

이 정도가 되면 유신(儒臣)들이 그냥 둘 수가 없었다. 결국 사헌부에서 상소가 올라왔다.

"교설(巧舌)과 사행(邪行)으로 왕의 총애를 얻어서 백성에게 해독을 끼쳤으니 당장 내쫓아야 합니다."

말은 맞지만 공양왕은 들은 척도 하지 않았다. 입안의 혀처럼 노는 환관의 유혹은 그만큼 달콤했던 것이다. 게다가 환관은 조정의 신하들과는 달리 결코 '아니 되옵니다'라는 말을 하지 않았다. 이 정도 되면 공양왕이 쫓겨나고 고려가 망할 때 죽임을 당하거나 궁궐에서 쫓겨나야 정상이다. 그런데 김사행의 생명력은 참으로 끈질겼다. 《조선왕조실록》에도 그 이름이 계속 등장한다.

태조 2년(1393년) 2월 10일 태조 이성계는 권중화(權仲和)라는 인물을 최고 책임자로 삼아 새로운 도읍지(한양)의 지형을 측량토록 명하는데, 이때 김사행은 여전히 내시부 판사라는 직함으로 측량 사업에 참여하게 된다.

고려가 망하고 조선이 개국하는 과정에서 그가 어떻게 살아남았는지를 전해주는 기록은 없다. 다만 공양왕을 가장 가까이에서 모셨던 그가 결정적인 순간에 공양왕 주변의 핵심 정보들을 이성계를 비롯한 개국세력에게 넘겨주었을 개연성이 가장 크다.

이성계라고 해서 김사행 같은 인물을 멀리할 이유가 없었다. 무엇보다 두 사람은 깊은 불심이라는 공통점을 갖고 있었던 데다가 창업 이후 도읍 건설에서 김사행의 능력은 절대적으로 필요했고 대궐 안의 질서의식을 세우는 데에도 김사행 같은 노련한 환관이 필요했다. 같은 해 7월 태조는 김사행에 대해 이렇게 말한다.

"내가 왕위에 오른 초기에 궐내의 제도가 제대로 갖춰지지 않았는데 고려조 때의 전례에 비추고 지나친 것은 줄이고 모자란 것은 보태어 내조의 다스림을 이루었으니 그 공을 기록할 만하다."

김사행이 행정 능력 또한 갖춘 인물이었다는 뜻이다. 그런데 왜 《고려사》는 이런 인물에 대해 '성질이 간교하다'고 비평했던 것일까? 이유는 간단하다.

태조 7년(1398년) 8월 26일 1차 왕자의 난이 일어났을 때, 김사행은 이성계와 정도전 편에 있었기 때문이다. 결국 9월 3일 참수를 당해 목이 삼군부에 매달려야 했다. 태종의 아들 세종이 주도한 《고려사》에서 김사행이 긍정적인 평가를 받을 여지가 그만큼 없었던 것이다.

3. 할아버지는 고려의 간신, 손자는 조선의 충신

《고려사》〈간신전〉에 이름이 올라 있는 고려 말의 유청신(柳清臣, ?~1329년)은 이름부터 역설적이다. 이름은 맑은 신하인데 역사에는 간사한 신하로 분류된 것이다.

원래 유청신의 집안은 대대로 천민 집단으로 이루어진 부락인 부곡(部曲)을 관리하던 아전이었다. 지방의 말단관리라고 할 수 있는 자리였다. 고려에서는 부곡 아전의 경우, 아무리 큰 공을 세우더라도 5품 이상 오를 수 없도록 되어 있었지만 유청신은 개인의 탁월한 능력으로 이 신분적 장벽을 뛰어넘는다.

《고려사》는 유청신의 능력으로 '탁트인 마음', '담력', '외국어 능력'을 꼽았다. 이를 바탕으로 유청신은 당대의 실력자였던 조인규(趙仁規)를 도와 원나라를 왕래하며 응대를 능숙하게 했고, 마침내 충렬왕으로부터 '본인에 한해 3품까지의 승진을 허가한다'는 교서를 받고 오늘날의 영관급 장교에 해당하는 낭장(郎將)에 임명된다. 게다가 충렬왕은 유청신 집안에서 대대로 관할하던 전라도 고이(高伊) 부곡을 고흥현으로 승격시켜 주었다.

얼마 후 다시 조인규의 추천으로 장군으로 승진한 유청신을 기다리고 있는 것은 충렬왕과 충선왕 부자의 피비린내 나는 권력투쟁이었다. 처음에는 부자 양쪽으로부터 신임이 두터워 선위와 복위가 반복되는 가운데도 유청신의 직위는 계속 올라 충선왕 때는 첨의정승(僉議政丞)에까지 오르게 된다. 첨의정승은 문하시중이 원나라의 간섭으로 바뀐 명칭으로 종1품 정승이다.

그러나 유청신의 관운은 거기까지였던 것 같다. 1313년 충숙왕이 즉위하면서부터 배척의 대상이 된다. 이에 분노를 느낀 유청신은 또 다른 간신 오잠(吳潛)과 함께 원나라 조정을 상대로 충숙왕 폐립 운동을 전개한다.

그러나 이런 활동은 실패로 돌아갔고 유청신은 원나라에 머물다 세상을 떠났다. 그의 죽음에 대한《고려사》의 평은 이러했다.

유청신은 불학무지한 자로, 임기응변하는 재간이 있었으며 세를 믿고 국권을 농락해서 나라에 해독을 끼쳤다.

고려 말에 충렬왕, 충숙왕 등 '충(忠)' 자 돌림의 임금들이 통치하던 시절에는 충신과 간신이 말 그대로 종이 한 장 차이일 때가 많았다. 임금 자신이 원나라에 충성을 맹세하고 있던 시절이기 때문이었다. 그래서 부자간의 권력투쟁도 결국은 원나라가 어느 쪽 손을 들어주느냐에 따라 끝나곤 했다.

그랬기 때문인지 유청신의 아들 유유기(柳攸基)는 훗날 밀직판
사에까지 오른다. 고려 때의 밀직사는 조선시대의 승정원과 중추
부 등을 겸했던 핵심기관으로 판사는 2품에 해당하는 고위직이
다. 유청신의 행적이 후대에 큰 문제가 되지는 않았다는 뜻이다.
유청신은 우리나라에 호두나무를 처음 들여온 인물로 전해지기
도 한다.

유청신의 '못다 이룬 꿈'은 손자 유탁(柳濯, 1311년~1371년)에
이르러 마침내 실현되는 듯했다. 할아버지를 닮아 대담성이 있고
무예에도 능했던 유탁은 무관직으로 진출해서 공민왕의 총애를
받으며 승승장구했다. 군대를 엄숙하게 관리하고 군사들과 고락
을 같이하여 당시 기승을 부리던 왜구들과의 전투에서 연전연승
을 거두었다.
　홍건적이 개경을 함락하여 공민왕이 안동으로 몽진을 갔을 때
는 경상도병마사로 공민왕을 호위했고, 공민왕 축출 음모인 흥왕
사의 난 때는 진압 1등 공신으로 마침내 문하시중(조선의 영의정)
에 오른다. 할아버지의 꿈이 실현되는 순간이었다.

　유탁은 '몸가짐이 무겁고 풍모가 아름다우며 거동이 볼 만했
다'고 한다. 성품 또한 강직했는데, 그 '강직함'이 화근이었다. 노
국공주가 죽자 공민왕은 제정신이 아니었다. 공민왕이 공주의 영

전(影殿)을 화려하게 지으려 하자 유탁이 정면으로 반대했다. 백성들의 고통이 너무 심하다는 것이다.

"내가 외람되이 수상된 입장에서 임금의 봉록을 먹으면서 어찌 마음속으로 그릇되게 여기면서 임금이 과오를 범하게 하여 비난을 후세에 남길 것인가? 차라리 죽을지언정 임금에게 간하지 않을 수 없다."

공민왕은 유탁을 투옥시켜버렸다. 게다가 신돈이 나서 유탁을 죽여야 한다고 하자 공민왕은 이색(李穡)으로 하여금 군중에게 고하는 글을 짓도록 명했다. 유탁을 죽이겠다는 뜻이었다. 이에 이색은 '유탁에게는 죽일 죄가 없으니 감히 명령을 거행하지 못하겠다'고 버티자, 공민왕은 이색마저 투옥시켜버렸다.

얼마 후 두 사람은 풀려나기는 하지만 유탁은 신돈과 한패였다는 누명을 쓰고 참수형을 당한다. 결국은 영전 공사 중단을 건의한 데 대한 공민왕의 보복이라는 것이 《고려사》의 판단이다. 그래서 유탁은 간신으로 분류된 할아버지와는 달리 〈충신〉편에 실렸다.

조선 개국 후 태조 이성계는 꿈에 유탁을 본다. 태조의 꿈에 유탁이 나타나 둘째 아들 유습(柳濕, 1367년~1439년)에게 벼슬을 줄 것을 청했다. 이상하게 여긴 태조는 유습을 과의상장군(果毅上

將軍)에 특진시켰고 훗날 그는 전라도 도절제사, 중군도총제 등을 거쳐 대마도 정벌 당시 우군(右軍)의 원수로 공을 세우게 된다.

4. 《고려사》는 왜 그들을 간신으로 분류했을까?

병졸 출신으로 재상에 오른 인물

고려 공민왕과 우왕 때의 군인이자 정치가인 지윤(池齋, ?~1377년)은 병졸 출신으로 재상인 문하찬성사에까지 오른 입지전적인 인물이지만, 《고려사》는 그에 관해 대단히 부정적이다.

일단 그를 간신으로 분류했다. 출신이나 출세에 대해서도 '어머니가 무당이다', '병졸 출신으로 누차 종군하여 군공(軍功)이 있었다'고 간략하게 부정적으로 서술하고 있다. 우왕 때 최고 권력을 누렸던 이인임과 어깨를 나란히 했던 사람인데도 그에 관한 언급은 처음부터 끝까지 부정적이다.

첫째, 공민왕 때 신돈이 사형을 당하자 숭경부 판사로 있던 지윤은 신돈의 의복과 장식품 등을 모두 자기 것으로 만들었다.

둘째, 판도사 판사로 있을 때 강을성이란 자가 판도사에 금을 바치고 대금을 받기로 되어 있었는데 그사이에 중죄에 걸려 사형을 당하자 지윤은 강을성의 처를 자기 첩으로 삼은 다음

금값으로 포목 1,500필을 받아 챙겼다.

셋째, 신순이라는 재상이 사형을 당하자 지윤은 아들 지익겸을 신순의 딸에게 장가들인 다음 몰수당했던 신순의 집과 재산을 되찾아 아들에게 주었다.

넷째, 지윤은 우왕의 유모 장씨와 간통했고, 그의 처도 장씨와 가까워 수시로 궁중을 출입하며 전횡을 일삼았다.

다섯째, 찬성사에 오른 지윤은 30명이나 되는 첩을 거느렸는데 오로지 부자만을 취했고 미모는 문제 삼지 않았다.

《고려사》의 이 같은 기록들만 놓고 보면 지윤은 매우 탐욕스럽고 음탕하며 부정부패와 악행만을 일삼은 인물이다. 그러나 이런 일들은 임금에 대한 충성이나 반역과는 거리가 먼 사안들이다. 그가 그나마 〈반역〉편에 실리지 않고 〈간신〉편에 실린 것도 실은 역모와는 거리가 멀기 때문일 것이다.

군이 《고려사》가 지윤을 간신으로 분류한 이유를 따져본다면 최종적으로 주목할 만한 것은 이인임과 권력을 다투다가 패배했다는 사실이다. 그러나 신하들끼리 권력투쟁을 하다 패하는 것은 예나 지금이나 흔한 일이다. 그런데 왜 지윤은 세종 때 편찬한 《고려사》 편찬자들로부터 심하다 싶을 만큼 가혹한 평가를 받은 것일까?

그 실마리는 이성계의 장남인 진안대군 이방우(李芳雨, 1354년~1393년)에서 찾을 수 있지 않을까 싶다. 이방우는 조선 건국 이듬해인 1393년 12월 술병으로 세상을 떠나지 않았다면 이성계의 왕위를 잇게 될 0순위 후보였다.

야사에는 이방우가 아버지의 조선 건국을 끝까지 반대했다는 설도 있다. 그래서인지 그가 죽었을 때 실록은 굳이 '진안군은 성질이 술을 좋아하여 날마다 많이 마시는 것으로써 일을 삼더니 소주를 마시고 병이 나서 죽었다'고 적고 있다. 이 또한 어쩌면 죽은 자에 대한 모독으로 읽힐 수 있는 졸기(卒記)이다.

지윤은 바로 이방우의 장인이었다. 중앙 권력으로 진출하기 위해 자신들의 결혼을 활용했던 이성계가 첫째 아들의 혼처로 꼽은 가문이 바로 지윤의 집안이었다는 뜻이다. 게다가 무신 출신의 이성계는 한미한 집안 출신에서 재상의 지위에까지 오른 지윤을 자신에게 힘이 되어줄 인물로 보았을 것이다. 그러나 지윤은 정치투쟁에서 패해 세상을 떠났고, 사위 이방우 또한 너무 일찍 세상을 떠났다.

한편 왕자의 난 이후 이성계의 둘째 아들 이방과(李芳果, 정종)가 사실상의 장남이라는 명분으로 떠밀려 왕위에 오른다. 흥미롭게도 이방과는 성빈 지씨와 숙의 지씨를 후궁으로 받아들이는데, 둘은 지윤의 딸이자 자매 사이였다. 더 흥미로운 것은 두 명의 지씨가 이방우 처의 친동생들이었다는 사실이다. 정종은 형수의 두 여동생을 후궁으로 받아들였던 것이다. 아마도 이런 혼인 방식은 고려의 유습이 그대로 남아 있던 조선 초기이기에 가능했을 것이다.

이방우와 부인 지씨 사이에는 봉녕군 이복근이 있었고, 정종과 성빈 지씨 사이에는 덕천군과 도평군, 숙의 지씨 사이에는 의평군, 선성군과 임성군 등의 아들이 있었다. 정종의 경우, 정안왕후 김씨 사이에 자식이 없었기 때문에 여기에 언급된 모든 군들이 다 왕위 계승 가능자들이었다.

그러나 결국 왕위는 권력 의지가 강했던 이방원에게 돌아갔고, 그 뒤를 이은 아들 세종은 아버지 중심으로 역사를 해석하는 과정에서 이방우나 정종 등의 비중을 줄일 수밖에 없었을 것이다. 그 와중에 지윤은 이중 삼중으로 부정적 해석의 희생물이 되는 액운을 당했던 것으로 보인다. 그 결과가 바로 《고려사》에서 간신으로 낙인찍힌 것이다.

관노에서 왕의 측근이 된 인물

조선과 비교할 때 고려 사회만의 특징 중 하나가 역동성이다. 물론 사회가 안정되지 않아 그랬겠지만 돌이켜보면 그것이 왕조의 불안, 잦은 외침, 무신정권 출현, 몽골에의 예속 등 수없는 내우외환에도 고려가 500년 동안이나 이어질 수 있는 에너지였는지도 모른다.

고려의 노비 만적(萬績)이 '장상(將相)의 씨가 어찌 처음부터 있었겠느냐'며 노비 반란을 일으킨 것이 무신난이 한창이던 고려 신종(神宗) 원년(1197년)의 일이다.

만적의 난은 당시 반란에 가담했다가 배신한 노비 순정의 밀고로 수포로 돌아갔지만 만적의 절규는 얼마 지나지 않아 고려사회에서 현실화되기 시작한다.

최충헌, 최우, 최항, 최의로 이어진 62년 최씨 정권(1196년~1258년)이 무너지자 실권을 장악하게 되는 김준, 김승준 형제가 바로 최씨 집안의 가노(家奴) 출신이다. 흔히 하극상으로 불리는 이 같은 급격한 신분상승의 기회는 원나라 간섭기에 더욱 다양화된다. 그 때문인지는 몰라도 조선의 노비들과 달리 고려의 노비들 중에 머리 좋은 사람들은 글공부 등을 통해 미래를 도모할 수 있었다.

그런 기회를 잡은 인물 중 하나가 관노로 충숙왕을 가까이에서 섬겼던 강윤충(康允忠, ?~1359년)이다. 노비 문서 등을 관리하는 관가의 노비였던 강윤충은 충숙왕의 총애를 받아 노비를 면한 것은 물론이고 무관 4품직인 호군(護軍)에까지 오른다. 오늘날로 치면 군인으로 별을 단 것이다.

한때 강윤충은 낭장의 아내를 강간했다가 귀양을 가기도 했다. 그러나 얼마 후 풀려났고, 1339년 조적(曹頔)의 난이 일어났을 때 충혜왕을 도와 난을 진압하면서 1등 공신에 책봉되고 2품직 인 밀직부사에 오른다. 조선시대로 치면 판서급으로 승진한 것이 다. 이때 강윤충이 한 일은 외형적으로는 노비를 주관하는 것이 었지만 실제로는 색을 밝히던 충혜왕에게 여인을 공급하는 것이 었다.

1344년 충혜왕이 원나라로 소환되어 왕위를 잃자 여덟 살 아들 충목왕이 즉위했다. 실권을 장악한 강윤충은 재상이 되어 대비 격 인 충숙왕의 어머니와도 노골적으로 간통을 했다. 아마도 노비 출신으로 왕비와 간통한 유일한 인물이 아닐까? 강윤충의 안하 무인은 여기서 그치지 않았다. 다음은《고려사》의 한 대목이다.

언젠가 강윤충이 재상 조석견을 방문하여 담소를 나누었다. 그때 조석견의 처 장씨가 강윤충을 엿보고는 미남이라 여겼 다. 조석견이 죽자 장씨는 여종을 시켜 강윤충을 초청했지만 그는 응하지 않았다. 그러나 여종이 세 번이나 찾아오자 강윤 충은 그때서야 장씨와 간통했다. 후에 더러운 소문이 있었으 므로 강윤충이 장씨를 버렸다.

그러나 강윤충이 장씨를 버린 이유는 '더러운 소문', 즉 다른 남자와의 혼인설 때문이라기보다는 다른 목적 때문으로 보인다. 다시 《고려사》이다.

강윤충은 현재 본처가 있는데도 아직 상복도 벗지 못한 고인 조석견의 처에게 장가들어 조석견의 유산을 빼앗았다.

이 일화에서 보듯 강윤충은 자기가 유혹하기보다는 여자들이 유혹할 만큼 미남이었던 것이 분명하다. 또한 그의 처세술을 보여주는 일화가 있다. 고려 출신으로 원나라 환관이 되어 고려에 막강한 영향력을 행사하던 고룡보(高龍普)가 반 강윤충 세력의 요청에 따라 강윤충의 군모(君母) 간통을 조사하기 위해 고려를 찾았다.

고려 출신 원나라 환관과 노비 출신 재상이 정면충돌했다. 원나라 환관은 임금도 어찌할 수 없는 존재였다. 결국 강윤충은 고룡보의 어머니를 몰래 찾아가 엄청난 뇌물을 찔러주었다. 조정에 모습을 드러낸 고룡보는 강윤충을 쳐다보며 '당신은 계속 일을 보아도 좋소!'라고 말한다. 강윤충이 이긴 것이다.

이후 강윤충은 충정왕을 거쳐 공민왕 대에도 수완을 발휘하여 공민왕 3년(1354년)에는 시중(侍中) 바로 아래인 1품직 판삼사사(判三司事)까지 오른다. 그러나 2년 후 충혜왕의 서자를 왕위로 삼으려는 역모에 간접 연루되어 하루아침에 동래 현령으로 좌천 되었다가 3년 후인 공민왕 8년(1356년) 공민왕의 명에 따라 살해 당했다.

강윤충에게는 위로 강윤귀, 강윤성, 강윤휘 등의 형제가 있었다. 특이하게도 그중 윤성은 윤충처럼 판삼사사에 올랐고, 윤휘도 판도판서에까지 올랐다. 기록대로라면 천출이면서도 뛰어난 능력을 가졌던 집안이고, 훗날 혹시 왜곡이 되었다면 천출이라는 부분에 의심의 여지가 있다고 할 수 있다.

공민왕 5년 반원(反元) 정책에 따라 친원(親元) 노선을 걸었던 신천 강씨 집안이 한때 위축되기는 했지만 결국 강윤충의 형 강윤성의 딸이 신흥 무장 이성계의 두 번째 부인이 됨으로써 조선이 건국되는 데 무력 차원에서 큰 기여를 하게 된다.

이성계와 결혼해서 방번, 방석을 낳은 신덕왕후 강씨가 바로 강윤충의 조카인 것이다. 만일 이방원의 '왕자의 난'이 실패하고 강씨 소생으로 세자에 책봉되었던 방석이 이성계의 뒤를 이었더라면 강윤충에 대한 역사의 평가도 크게 달라졌으리라!

5. 여말선초 격동기에 보여준 파주 노씨의 처신

역사에는 종종 '콩 심은 데 팥 나고, 팥 심은 데 콩 나는' 경우들이 있다. 역사의 격변기에는 특히 심하다. 여말선초의 격랑을 살아낸 파주 노씨 집안의 노척(盧頙)이 전형적인 경우다. 고려 충목왕(1344년~1348년) 때 좌정승을 지낸 노척은 아버지가 이부상서(이조판서)를 지내기도 했지만 왕실의 평양공 왕현(王眩)의 딸 경녕옹주와 결혼하면서 크게 현달할 수 있었다.

그리고 공민왕 대에는 딸을 원나라 황제에게 주고서 집현전 학사라는 원나라 관직을 얻는 등 친원(親元) 노선의 핵심인사로 떠오른다. 그러나 기철, 권겸 등과 함께 공민왕을 축출하려는 반역을 도모하다가 사형을 당하고 만다.

그에게는 노제(盧濟), 노진(盧禛), 노은(盧旵), 노영(盧瑛) 등 네 아들이 있었다. 이들은 다 군(君)으로 책봉될 만큼 당대 최고 실력자의 아들이라는 신분을 누리다 하루아침에 반역자의 자식으로 전락했다. 노제는 아버지가 죽자 얼마 후 저잣거리에서 참수를 당했다.

그러나 둘째 노진은 먼 곳으로 귀양을 갔다가 오랜 시간이 흐른 후 복권되어 밀직사 판사에까지 오르고, 노은은 북원(北元)에서 병부상서에까지 올랐지만 사신이 되어 고려를 찾았다가 공민왕에 의해 간첩으로 몰려 억울한 죽임을 당했다. 노영에 대해서는 《고려사》에 이렇다 할 기록이 나오지 않는다.

노척의 네 아들 중에서 주목해야 할 인물은 둘째 노진이다. 밀직사는 조선시대의 승정원과 중추부를 겸한 핵심기관이다. 그곳의 최고책임자인 판사(判事, 2품)가 되었다는 것은 아버지로 인한 반역의 그림자에서 완전히 해방되었다는 의미이기도 하다. 그만큼 노진은 능력이나 인품이 두루 뛰어난 인물이었을 것이다.

그러나 노진에게는 아버지 못지않게 재앙을 가져다줄 아들이 있었다. 그에게는 노정(盧楨), 노선(盧瑄), 노균(盧鈞) 세 아들이 있었는데 그중 둘째인 노선이 화근이었다.

말년의 공민왕은 미쳐가면서 얼굴이 아름다운 소년들을 선발해 자제위(子弟衛)를 설치했다. 자제위 소속 청년들은 온갖 음탕하고 추악한 짓으로 왕의 총애를 얻었다. 여기에 얼굴이 유달리 아름다운 노선(盧瑄)이 홍륜(洪倫), 한안(韓安), 권진(權瑨), 홍관(洪寬) 등과 더불어 선발되었다.

이들은 하나같이 권문세가의 자식들이었다. 홍륜의 아버지 홍사우는 전라도 방어의 책임자였고, 한안의 아버지 한방신은 찬성사, 권진의 아버지 권용은 밀직부사, 홍관의 아버지 홍사보는 각문 판사였다.

이들은 공민왕의 성노리개이면서도 언제든 비빈들과 간통할 수 있는 특권을 누렸다. 결국 홍륜과 관계를 가진 익비(益妃)가 임신하게 되자, 공민왕은 자제위 청년들을 제거해 익비의 아이를 자신의 아들로 만들려 했다. 이런 음모는 내시 최만생을 통해 홍륜 등에게 전달되었고, 홍륜 등 자제위 5인방은 공민왕 23년(1374년) 9월 어느 날 최만생을 앞세워 국왕을 시해했다.

아버지의 반역에서 겨우 목숨을 건진 노진은 결국 아들 노선의 공민왕 시해로 말미암아 다른 두 아들 노정, 노균과 함께 먼저 사형당한 노선의 뒤를 따라 처형당했다. 멸족의 화를 당한 것이다.

이로써 노진은 처형 당시 자기 집안은 이 땅에서 다시는 회복되지 못할 것이라 생각했을 것이다. 그러나 그의 명예는 좀 더 일찍 회복된다. 그의 사위가 고려의 마지막 왕이 되었기 때문이다. 공양왕(恭讓王)이다. 그로 인해 딸은 순비(順妃)에 봉해졌고, 노진도 제효공(齊孝公)에 추증될 수 있었다.

노진의 한은 막내 노균의 유복자인 노한(盧閈, 1376년~1443년)이 풀어주게 된다. 결혼이 결정적이었다. 그는 태종 이방원의 장인인 민제(閔霽)의 딸과 결혼함으로써 그의 아랫동서가 된다. 노한은 조선 건국과 더불어 음보(蔭補)로 관직에 진출해서 관찰사, 판서 등을 두루 거친 후에 세종 때 우의정에까지 오르게 된다.

노진의 한풀이는 여기서 끝나지 않았다. 노한의 아들 노물재(盧物載)는 심온(沈溫)의 딸과 결혼했는데, 윗동서 충녕대군(세종)

이 왕위에 오르는 바람에 아버지와 아들 2대가 나란히 국왕의 아랫동서가 되는 영예를 얻게 된다.

노물재에게는 노회신(盧懷愼), 노유신(盧由愼), 노사신(盧思愼), 노호신(盧好愼) 등 네 아들이 있었다. 그중 노사신(1427년~1498년)은 훗날 영의정에까지 오르게 된다.

제1장

*

찬신
簒臣

나라를 무너뜨린 간신들

1. 찬신에 대한 공자의 비판적 태도

'찬(簒)'이란 말은 빼앗는다는 뜻이다. 찬탈(簒奪), 찬위(簒位)는 임금의 자리를 빼앗는다는 뜻이다. 그래서 이를 찬역(簒逆)이라고도 하고 신하가 임금의 자리를 빼앗고 그 자리에 서면 찬립(簒立)이라고 하며, 임금의 자리를 빼앗고 임금을 죽일 경우 찬시(簒弑)라고도 한다.

《논어》에는 찬탈과 관련된 두 가지 일화가 소개되어 있어 이런 자들에 대한 공자의 태도를 알 수 있다. 먼저 〈공야장(公冶長)〉편이다.

자장이 물었다. "최자(崔子)가 제나라 군주 장공을 시해하자 진문자(陳文子)가 말 10승(40필)을 소유하고 있었는데, 그것을 미련 없이 버리고 제나라를 떠나 다른 나라에 이르렀다. 진문자는 다른 나라에 이르러 말하기를 '이 사람도 우리나라 대부 최자와 같구나'라며 그곳을 떠났고, 다시 또 다른 나라에 이르러서 말하기를 '이 사람도 우리나라 대부 최자와 같구나' 하고 떠나갔으니 진문자를 어떻게 생각합니까?"

공자는 말했다. "깨끗하다." 이에 자장이 "어질다고 할 만합니까?"라고 묻자, 공자가 말했다. "모르겠다. 그러나 어찌 그것만으로 어짊이 될 수 있겠는가?"

왜 공자는 임금을 시해한 나라를 피해 세상을 떠돌아다닌 진문자라는 사람의 행동을 깨끗하다고 하면서도 어질다고는 하지 않은 것일까? 이는 자기 한 몸만 깨끗이 한 것이지 그 같은 무도함을 바로잡기 위해 조금도 노력하지 않은 점을 비판한 것이다. 공자가 이렇게 말한 까닭은 〈헌문(憲問)〉편에 나온다.

제나라 대부 진성자(陳成子)가 임금 간공(簡公)을 시해하자, 공자는 몸을 씻은 후 노나라 조정에 나아가 애공(哀公)에게 아뢰었다. "진항(陳恒)이 자신의 군주를 시해했으니 청컨대 그를 토벌하소서!"

애공은 "저 삼가(三家)에게 고하라"고 말했다. 이에 공자가 말했다. "내가 그나마 관직의 말석에라도 있었기에 감히 아뢰지 않을 수 없어 고했더니 임금은 저 삼가에게 가서 고해보라고 말씀하시는구나!"

삼가에게 가서 고하자 불가하다고 하니 공자가 말했다. "내가 그나마 관직의 말석에라도 따랐기에 감히 아뢰지 않을 수 없어 고했을 뿐이다."

진성자는 제나라의 대부이고, 간공은 제나라의 임금이다. 진성자가 간공을 시해하자 공자는 몸을 씻은 후 자기 조국인 노나라 조정에 나아가 애공에게 아뢰었다.

"진항이 자신의 군주를 시해했으니 그를 토벌하소서!"

공자로서는 제나라가 남의 나라지만 인륜과 천리(天理)를 범했으니 이웃나라라고 그냥 있어서는 안 된다며 토벌을 청한 것이다. 공자로서는 큰 용기가 필요한 간쟁이었다. 몸을 씻은 것에 대해서는 임금에게 고하려고 했기에 먼저 재계했고, 재계할 때는 반드시 목욕을 했다.

그런데 힘이 없던 애공은 당시 실권을 장악하고 있던 삼가에게 가서 말해보라며 한발 물러선다. 삼가란 계손(季孫), 맹손(孟孫), 숙손(叔孫) 3대부를 말한다. 결국 공자는 더 이상 말을 못하고 물러나올 수밖에 없었다. 표현되지는 않았지만 애공에 대한 공자의 실망은 크고 깊었을 것이다. 그다음 말은 제자들에게 힘없이 던진 말일 수도 있고 혼잣말일 수도 있다.

"내가 그나마 관직의 말석에라도 따랐기에 감히 아뢰지 않을
수 없어 고했더니 임금은 저 삼가에게 가서 고해보라고 말씀하시
는구나!"

탄식이 느껴진다. 남의 나라 일이라 해도 신하에 의한 군주 시
해를 그냥 두고 본다면 도리가 아니라고 여긴 공자는 결국 삼가
를 찾아가 토벌을 청했다. 공자는 삼가에게까지 가볼 마음은 전
혀 없었으나 임금의 명령이었기에 마지못해 따랐던 것이다. 그러
나 그들로부터도 불가하다는 답만 돌아왔다. 다음은 공자의 낙담
이 고스란히 느껴지는 말이다.

"내가 그나마 관직의 말석에라도 따랐기에 감히 아뢰지 않을
수 없어 고했을 뿐이다."

그러나 여기서 우리는 공자가 신하가 임금을 죽이는 시해나 찬시
에 대해 얼마나 비판적인 생각을 갖고 있는지를 확인할 수 있다.

2. 그는 어떻게 고대 중국 최고의 간신이 되었을까?

먼저 중국 고대 역사 속의 찬탈 사례부터 살펴보자.《춘추좌씨전
(春秋左氏傳)》에 나오는 글이다. 위강(魏絳)은 진(晉)나라의 대부
로, 위장자(魏莊子)로도 불리는 인물이다. 처음에 중군사마(中軍司

馬)에 임명된 그는 도공(悼公)이 제후들을 불러 모았을 때 도공의 동생 양간(楊幹)이 반란을 일으키자 그 무리들을 소탕했다.

나중에 하군 주장(下軍 主將)이 되어 정치를 맡았을 때 산융(山戎)과의 화친을 주장하면서, 화친을 맺었을 때 얻을 다섯 가지 이익에 대해 설파했다. 마침내 동맹을 맺고 왕명으로 제융(諸戎, 옛날 중국 서쪽에 있던 여러 종족들)을 감독함으로써 진나라의 국세를 떨치게 하여 패업을 이루도록 했다.

정나라 사람이 진나라에 음악을 뇌물로 바치자 도공이 음악의 절반을 그에게 하사했다. 사양하며 받지 않고 도공에게도 편안할 때일수록 항상 위태로울 때를 생각하여 대비하라는 뜻으로 거안사위(居安思危)의 자세를 잃지 말 것을 간했다. 이로써 진나라는 더욱 강해졌다.

"옛날에 하나라가 바야흐로 쇠퇴하기 시작할 때, 후(后) 예(羿)가 조(鉏) 땅에서 궁석(窮石)으로 옮겨와서는 하나라 백성을 갖고서 하나라를 대신해 정권을 장악했습니다. 자신의 활솜씨만 믿고서 백성들을 다스리는 정사는 돌보지 않은 채 한착(寒浞)을 등용했습니다. 한착은 백명씨(伯明氏)의 아들로, 몹시 간사한 인물이었습니다. 이후 한착은 예(羿)를 살해해 삶아서 그 아들에게 먹이니 아들은 차마 먹을 수가 없어 궁문(窮門)에서 죽었습니다."

한착은 평소에도 남을 중상모략하는 참언을 일삼다가 백명씨에게 쫓겨났었다. 뒤에 별도로 살펴보게 될 참신(讒臣)이기도 했던 것이다. 한착은 백명씨의 버림을 받게 되자, 후 예를 찾아와 섬기게 되었는데 이때 후 예는 자신의 활솜씨만 믿고서 백성들을 다스리는 정사는 돌보지 않은 채 들판에서 사냥에만 빠져 놀면서 무라(武羅), 백인(伯因), 웅곤(熊髠), 방어(尨圉) 같은 뛰어난 이를 버리고 한착을 신뢰했다.

후 예는 그를 거두어 믿고서 부리며 자신의 승상으로 삼을 정도였다. 그런 한착이 도오(桃梧)에서 예를 죽여 그 시신을 삶아 그 아들에게 먹였던 것이다. 송나라 학자 진덕수(眞德秀)는 《대학연의(大學衍義)》에서 한착이 찬탈에 성공할 수 있었던 요인으로 네 가지를 꼽았다.

첫째, 안으로 궁인(宮人)들에게 아첨한 것,

둘째, 밖으로 조정 신하들에게 뇌물을 뿌린 것,

셋째, 예가 사냥에 빠지도록 부추긴 것,

넷째, 사특한 자들을 곳곳에 심은 것이 그것이다.

3. 임금은 오로지 강명해야 한다

먼저 사마천(司馬遷)의 《사기(史記)》〈제세가(齊世家)〉편에 나오는 이야기부터 한번 살펴보자.

전기(田乞)는 제나라 경공(景公)을 섬겨 대부가 되었다. 그가
백성들로부터 세금을 받을 때는 작은 말로 받았고, 백성들에
게 곡식을 내어줄 때는 큰 말로 쟀다. 이렇게 백성들에게 음
덕을 베풀었으나 경공은 감히 금지시키지 못했다. 이로 말미
암아 전기는 제나라 백성들의 마음을 얻었고, 그의 종족은 더
욱 강해졌다. 안자(晏子)가 여러 차례 간언을 올렸지만 경공은
들으려 하지 않았다.

경공에게는 아끼는 후궁이 있었는데, 아들 도(茶)를 낳았다.
경공은 병이 들자 당시 상국(相國, 재상)이던 국혜자(國惠子)와
고소자(高昭子)에게 명하여 도를 태자로 세우라고 하고 세상
을 떠났다. 그리고 두 상국이 도를 옹립하니, 이 사람이 바로
안유자(晏孺子)이다.

이에 전기는 불쾌해하면서 경공의 다른 아들 양생(陽生)을 추
대하고 싶어 해서 안유자를 살해하고 제나라의 정치를 전횡
했다. 후에 전기가 죽자 그의 아들 전상(田常)이 왕위에 올라
큰 말로 주고, 작은 말로 갚게 하는 아버지의 정사를 다시 펼쳤
다. 그 뒤 전상은 자신이 세운 간공(簡公)마저 죽이고 간공의 아
우를 옹립하니 그가 평공(平公)이다. 전상이 평공에게 말했다.
"덕을 베푸는 일은 사람이라면 누구나 하고 싶어 하는 바이오

니 임금께서는 그것을 행하시옵고, 형벌을 행하는 일은 사람이라면 누구나 싫어하는 일이니 신이 그것을 맡아서 행하기를 청하옵니다."

이렇게 해서 형정(刑政)을 행한 지 5년이 되자 제나라의 모든 정사는 전상에게로 돌아갔다. 전상은 이에 포(鮑)씨와 안(晏)씨와 감지(監止)[1], 그리고 공족(公族, 왕족)의 강자들을 남김없이 죽여버리고, 제나라 땅 가운데 안평(安平)의 동쪽에서 낭야(琅琊)에 이르기까지를 떼어내어 자신의 봉읍으로 삼았는데 그 봉읍이 평공이 식읍(食邑)으로 삼는 땅보다 컸다.

그 뒤 전상이 죽자, 아들 전반(田盤)이 아버지의 자리(상국)에 올라 형제와 종친들로 하여금 모두 제나라 주요 읍의 대부가 되게 해주었다. 전반의 손자 전화(田和)는 마침내 자신의 군주인 강공(康公)을 바닷가로 내쫓고 성 한 개를 주어 조상들의 제사를 모시게 했고, 전화 자신이 제나라 후(侯)에 올랐다.

이 글의 핵심은 '이렇게 백성들에게 음덕을 베풀었으나 경공은 금지시키지 못했다'이다. 전씨의 찬탈과 시해는 결국 경공의 이 같은 '굳세지 못함'에서 비롯되었기 때문이다.

마침 《춘추좌씨전》에는 명재상 안영(晏嬰)이 경공에게 이 문제

---

1. 이 세 성씨는 다 제나라의 명문거족들이다.

를 지적하는 대화가 실려 있다.

"진씨(陳氏)[2]가 비록 큰 덕은 없지만 백성들에게 은혜를 베풀었습니다. 두(豆), 구(區), 부(釜), 종(鍾)의 여러 도량용기를 사용하여 공세(公稅)를 받아들일 때는 작은 용기를 써서 박하게 걷되 백성들에게 베풀 때는 큰 용기를 써서 후하게 주었습니다. 그런데 임금은 후하게 걷는데 진씨는 후하게 베풀었으니 백성들의 마음은 진씨에게 돌아갔습니다. 후손들이 만일 조금이라도 나태해질 경우 진씨가 멸망하지만 않는다면 나라는 진씨의 나라가 될 것입니다."

"좋은 말이다. 이 일을 어떻게 하면 좋겠는가?"

"오직 예(禮)만이 그런 사태를 막을 수 있습니다. 예가 행해지면 한 대부 집안이 베푸는 시혜가 나라에 (영향을) 미칠 수 없고, 대부는 왕실의 이익을 취할 수가 없습니다."

"좋은 말이다. 하지만 나는 예를 행할 수가 없구나!"

임금은 눈도 밝아야 하지만 굳세지 않으면 안 된다. 강명(剛明)만이 간신의 발호를 막을 수 있다는 말이다.

---

2. 전씨(田氏)는 원래 진씨에서 나왔다. 그래서 진씨라고도 한다.

제1장 | 찬신(簒臣)

4. 황위를 도둑질하는 재앙

왕망(王莽. 기원전 45년~기원후 23년)은 한나라 원제황후(元帝皇后)의 조카로 권모술수를 써서 사실상 최초로 선양혁명에 의해 전한의 황제 권력을 빼앗았다. 불우하게 자랐지만 유학을 배웠고, 어른을 잘 섬겨 일찍이 왕봉(王鳳)의 인정을 받았다.

왕망은 경녕(竟寧) 원년(기원전 33년)에 황문랑(黃門郞)이 되고, 영시(永始) 원년(기원전 16년)에는 봉읍 1,500호를 영유하는 신야후(新野侯)가 되었다. 원시(元始) 5년(기원후 5년)에 평제를 독살한 뒤 두 살 된 유영(劉嬰)을 세워 당시 유행하던 오행참위설(五行讖緯說)을 교묘히 이용하면서 인심을 모았다.

왕망은 여기서 그치지 않고 스스로 가황제(假皇帝)라 칭하고 신하들에게는 섭황제(攝皇帝)라고 부르게 했다. 그러다 마침내 초시(初始) 원년(기원후 8년)에 유영을 몰아내고 국호를 신(新)이라 하여 황제가 됨으로써 선양혁명에 성공했다.

그러나 개혁정책을 펼쳤음에도 한말(漢末)의 모순과 사회문제를 해결하지 못한 채 모두 실패했다. 장안(長安)의 미앙궁(未央宮)에서 부하에게 칼에 찔려 죽음으로써 건국한 지 15년 만에 멸망했다. 반고(班固)는 《한서(漢書)》 〈왕망전〉 말미에서 그의 삶을 이렇게 평가했다.

왕망은 애초에 외척으로 몸을 일으켜 스스로 몸을 낮추고 절의에 힘써 명예를 구하니 종족들은 효자라고 칭찬했고, 벗들은 어질다고 인정해주었다. 높은 자리에 올라 정사를 보필하게 되자 성제(成帝)와 애제(哀帝) 때에는 나라를 위해 부지런히 노고를 다해 곧은길을 갔으니 보는 이마다 칭송을 그치지 않았다. 이것이 이른바 '집안에 있어도 반드시 소문이 나고, 나라에 있어도 반드시 소문이 난다'이고, '얼굴빛은 어진 듯하나 행실이 어질지 못한 것이다.'

이 두 가지 말은 공자가 《논어》〈안연〉편에서 했다.

자장이 물었다.

"선비는 어떠해야 경지에 이르렀다고 할 수 있습니까?"

공자가 되물었다.

"무슨 말인가, 네가 말하는 '이르렀다'는 것이?"

자장이 답했다.

"나라에 있어도 반드시 그의 명예에 관한 소문이 나며 집안에 있어도 반드시 소문이 나는 것입니다."

공자가 말했다.

"그것은 소문이 나는 것이지 통달한 것은 아니다. 무릇 통달한 사람이란 바탕이 곧고 의리를 좋아하며 남의 말을 가만히 살피고 얼굴빛을 관찰하며 사려 깊게 몸을 낮추는 것이니 나라에 있어도 반드시 이르게 되고 집안에 있어도 반드시 이르게 된다. (이에 반해) 무릇 소문만 요란한 사람이란 얼굴빛은 어진 듯하나 행실이 어질지 못하고 머물러 있으며 자신의 행실에 대해 아무런 의문도 던지지 않으니 나라에 있어도 반드시 소문이 나고 집안에 있어도 반드시 소문이 난다."

《한서》〈왕망전〉의 문장에서 앞의 인용은 순서가 뒤집혀 있고, 원문에는 방(邦)이라 했는데 여기서는 국(國)이라 했다. 왕망은 이미 어질지 못하고 간사한 재주를 갖고 있으며, 여기다 숙부가 대대로 이어온 권세에 올라탔고 한나라가 도중에 쇠퇴해 국통(國統)은 세 번이나 끊어지는데 태후는 장수해서 종주(宗主)가 되는 운을 만났다.

그래서 그는 간특함을 마구 행사해 황위를 찬탈하고 도둑질하는 재앙을 이룬 것이다. 이로부터 미루어 말해보자면 이 또한 하늘의 때이지 사람의 힘이 도달할 수 있는 것은 아니다.

자리를 도둑질해 남면(南面, 군왕이 된다는 뜻)하게 되자, 그 지위는 의지할 바가 없어 언제라도 뒤집어질 정황이 걸주(桀紂)[3]보

---

3. 하나라의 걸왕과 은나라의 주왕을 아울러 이르는 말이다.

다 심했는데도 왕망은 태연하게 지내며 스스로를 황제(黃帝)와 순(舜)임금이 다시 나온 것인 양 행동했다.

드디어 함부로 행동하고 위엄과 기만을 부려 하늘을 능멸하고 백성들을 학대하면서 그 흉악스러움이 극에 이르게 되어 그 해악이 온 중국(諸夏·제하)에 퍼져나갔고, 그 혼란스러움은 주변 오랑캐들에게까지 뻗쳤으나 오히려 자신의 욕심을 다 채우지 못해 만족스러워하지 않았다.

이 때문에 나라 안이 흉흉해지자 조정 안팎이 분노와 원망을 품게 되어 멀고 가까운 곳에서 함께 일어나니 성과 해자는 방어가 되지 않았고, 그의 몸은 갈기갈기 찢겨 드디어 천하의 성과 읍들은 폐허가 되었고 무덤들까지 파헤치니 그 폐해는 고스란히 백성들에게 돌아갔으며 재앙은 썩은 해골에까지 미쳤다.

옛날의 책이나 전하는 바에 따르면 난신적자(亂臣賊子)와 무도한 사람들이 많았지만 그들이 재앙을 입고 망한 것을 살펴보면 왕망처럼 심했던 자는 없었다.

옛날 진나라는 《시경》과 《서경》을 불태워 사사로운 의견[4]을 세웠는데, 왕망은 육예(六藝)를 외워가면서 자신의 간사스러운 말

---

4. 법가사상(法家思想)을 말한다.

들을 그럴싸하게 꾸몄다. 길은 각기 달랐지만 결과는 같아서 둘 다 멸망했으니 모두 항룡(亢龍)의 기운이 끊어지거나 천명이 아닌 운수를 맞았다는 점에서 서로 비슷하다.

자색(紫色)과 와성(鼃聲=蛙聲)은 바른 색과 바른 소리가 아니라 여분의 윤위(閏位)⁵와 같으니 성왕(聖王, 광무제)을 위해 폐단을 미리 제거해준 것이라 하겠다.

5. 고려시대 최악의 간신이 맞은 최후

이자겸(李資謙, ?~1126년)의 아버지는 호부낭중(戶部郎中)을 지낸 이호(李顥)이고, 부인은 해주 최씨(海州 崔氏)로 시중을 역임한 최사추(崔思諏)의 딸이다. 그의 가문 경원 이씨 집안은 나말여초(羅末麗初)에 인주(仁州, 인천) 지방의 호족 세력이었다.

이 집안이 중앙의 귀족 가문으로 확고하게 자리 잡은 시기는 이자겸의 할아버지 이자연(李子淵) 때부터였다. 이자연의 세 딸은 모두 문종(文宗)에게 시집을 갔다. 인예태후(仁睿太后), 인경현비(仁敬賢妃), 인절현비(仁節賢妃)가 그들이다. 그리고 이자겸의 누이인 장경궁주(長慶宮主) 역시 순종(順宗)의 비가 되었다. 이처럼 왕실과 밀접한 관계를 맺은 가문의 배경을 바탕으로 이자겸은 음

---

5. 역법의 윤달처럼 정통성이 없는 임금을 말한다.

서(蔭敍)를 통해 관직에 진출했다. 그리고 초직으로 합문지후(閣門祗候)라는 자리에 제수되었다. 나라의 의식을 주관하는 벼슬로, 매우 파격적인 자리였다.

이후 이자겸의 둘째 딸이 예종(睿宗)의 비가 되면서부터는 더욱 빠른 속도로 출세하게 되었다. 참지정사(參知政事), 상서좌복야(尙書左僕射)를 거쳐 개부의동삼사(開府儀同三司), 수사도(守司徒), 중서시랑(中書侍郎), 동중서문하평장사(同中書門下平章事)로 진급했으며 이어 소성군개국백(邵城郡開國伯)에 봉작되었고 동시에 여러 아들들도 함께 승진했다.

그러나 당시까지만 해도 이자겸의 권력이 왕실을 위협한다거나 조정의 권력을 독점할 수는 없었다. 예종이 모든 정치세력들을 균형 있게 조절하여 어느 한쪽의 일방적 독주가 일어나지 않도록 막았기 때문이다. 한안인(韓安仁) 일파가 세력을 쥐고 이자겸 일파와 대립, 암투를 벌였던 상황은 그와 같은 일면을 잘 보여주는 사례이다.

그러다 예종이 재위 17년 만에 죽고, 인종이 이자겸의 보필에 힘입어 즉위하게 되면서부터 이자겸의 정치적 위상은 크게 높아졌다. 우선 협모안사공신(協謀安社功臣), 수태사(守太師), 중서령(中書令), 소성후(邵城侯)에 책봉됨으로써 신하로서는 최고위직에 오르게 되었다. 이어 12월에는 반대파 제거에 나서게 된다. 이자겸은 왕의 작은아버지 대방공(帶方公) 왕보(王俌)와 한안인, 문공인(文公仁) 등이 역모를 꾀했다 하여 그 주모자와 일당 50여 명을 살해, 또는 유배시켰다. 이렇게 되자 조정의 모든 권력은 이자겸에게 모아지게 되었다. 이자겸은 여기서 더 나아가 경원 이씨 이외의 성씨에서 왕비가 나오면 권세와 총애가 분산될 것을 우려해 강제로 셋째 딸을 인종의 왕비로 들여보내고, 얼마 뒤에는 다시 넷째 딸마저도 왕비로 들여보냈다.

그런가 하면 사사로이 자기 부(府)의 주부(注簿)인 소세청(蘇世淸)을 송나라에 보내 표(表)를 올리고 토산물을 바치며 스스로 지군국사(知軍國事)라 칭하기도 했다. 지군국사란 나라의 모든 일을 맡고 있다는 뜻으로 신하의 신분으로는 가질 수 없는 직함이었다. 이자겸은 여기서 그치지 않고 실제로 지군국사가 되고자 왕이 자기 집에 와서 그러한 조칙을 내려줄 것을 요청하고 날짜까지 정했다.

이 같은 전횡 때문에 왕도 이자겸을 몹시 꺼려했다. 이를 안 내시 김찬(金粲)과 안보린(安甫鱗)은 동지추밀원사 지녹연(智祿延)과 공모해 왕에게 아뢰고 상장군 최탁(崔卓)과 오탁(吳卓), 대장군 권수(權秀), 장군 고석(高碩)과 함께 이자겸과 일당인 척준경(拓俊京) 등을 제거하려는 거사에 나섰다.

이들은 약속된 날 밤에 군사를 거느리고 궁궐로 들어가 우선 척준경의 동생인 병부상서 척준신(拓俊臣)과 아들인 내시 척순(拓純) 등을 살해했다. 이것이 이른바 '이자겸의 난'의 발단이었다.

변란을 알게 된 이자겸과 척준경은 남은 무리와 병졸들을 이끌고 궁성을 포위한 후 불을 지르고 많은 사람들을 살해했다. 이에 놀란 왕은 글을 지어 이자겸에게 선위(禪位)하고자 했다. 그러나 양부(兩府)의 의론을 두려워했고, 한편으로는 이자겸과 재종형제 간으로 이자겸의 발호를 못마땅하게 여기던 이수(李需)와 귀족 관료인 김부식(金富軾) 등의 반대로 저지되었다.

그런 뒤에 이자겸은 왕을 자기 집으로 이어(移御)시키고 국사를 제멋대로 처리했다. 이때 군신관계를 요구해온 금(金)나라에 대해 모든 신료들의 반대를 무릅쓰고 받아들였다. 자신의 권력을 유지하기 위한 결정이었다. 더군다나 그는 왕위에 대한 미련을 버리지 못해 인종을 여러 차례 독살하려 했으나 그때마다 왕비의 기지로 왕은 겨우 화를 면할 수 있었다.

이와 같이 어려운 상황 속에서 인종의 밀명을 받은 내의(內醫) 최사전(崔思全)이 이자겸과 척준경의 사이를 떼어놓는 데 성공했다. 결국 이자겸은 척준경에 의해 제거되고, 유배지인 전라도 영광에서 죽었다. 그대로 일이 진행되었더라면 이자겸은 한나라의 왕망과 같은 존재가 되었을 것이다.

한편 인종 1년(1123년)에 송나라 사신을 따라왔던 서긍(徐兢)은《고려도경(高麗圖經)》이라는 견문록에서 이자겸을 '풍채는 맑고 위의(威儀)는 온화하며 뛰어나고 훌륭한 선비들을 반겼다'고 평하고 있다. 아랫사람들의 마음을 얻은 인물이라는 뜻이다. 이 또한 왕망이 겉으로나마 자신을 낮춰 선비를 대우했던 때의 겸손한 모습과 일맥상통한다.

제2장

*

역신
逆臣

황음에 빠진 임금을
시해한 간신들

1. 어떤 임금이 내쫓김을 당하는가?

새로운 왕조를 개창한 임금은 대체로 이전 왕조의 신하였다는 점에서 '건국 영웅인가, 시역을 행한 역신인가'라는 논란에 휩싸이게 된다. 우리 역사에서는 조선을 창업한 이성계 또한 이 문제에서 자유롭지 않았다. 반면에 고려를 세운 왕건은 신라 경순왕의 자발적인 항복을 이끌어냈기 때문에 이 문제에 걸리지는 않는다.

　과연 임금이 어느 정도 황음(荒淫)에 빠져 정사를 엉망으로 했을 때 신하가 임금을 내쫓을 수 있는 것일까? 쉽지 않은 문제이다. 은(殷)나라, 혹은 상(商)나라의 마지막 임금 주왕(紂王)을 내쫓고 주(周)나라를 세운 무왕(武王) 또한 바로 이 문제 앞에 서야 하는 인물이다. 사마천의 《사기》〈주본기(周本紀)〉는 다음과 같이 당시 상황을 아주 자세하게 전하고 있다.

9년[6]에 무왕은 필(畢)에게 제사를 올렸다. 동쪽으로 가서 군대를 사열하고 맹진(盟津)에 이르렀다. 문왕의 나무 위패를 만들어 중군(中軍)의 수레에 실었다. 무왕은 자신을 태자 발(發)이라고 칭하고, 문왕을 받들어 정벌하는 것이라고 말하여 감히 자기 마음대로 하지 않았다. 마침내 사마(司馬), 사도(司徒), 사공(司空), 제절(諸節) 등에게 고했다.

"몸을 가지런히 하며 조심해야 할 것이다. 신실할지어다! 나는 무지하지만 선조께는 다움을 갖춘 신하들이 있었기에 소자가 선조의 공로를 이어받았도다. 상벌을 남김없이 바르게 세워 공로를 제대로 보상할 것이다."

그러고는 드디어 군사를 일으켰다. 사(師) 상보(尙父)가 호령을 내려 말했다.

"너희 병사들을 거느리고 너와 함께 배를 띄워 출동하라! 나중에 도착하는 자는 목을 벨 것이다!"

무왕이 황하를 건너 중류에 이르렀을 때 흰 물고기가 왕의 배 안으로 튀어 오르니 무왕은 몸을 굽혀 물고기를 집어 들어 제사를 올렸다. 이미 강을 건너자 불덩이가 하늘에서 다시 떨어지더니 왕의 거처 지붕에 이르렀을 때 까마귀로 바뀌었는데 그것들은 붉은색이었고, 그 울음소리는 편안했다. 이때 제후

---

6. 문왕 9년으로, 무왕은 아버지 문왕의 연호를 그대로 사용했다.

들끼리 기일을 정하지 않았음에도 맹진에 모인 제후가 800명이었다. 제후들이 모두 말했다.

"주(紂)는 얼마든지 정벌할 수 있습니다."

무왕이 말했다.

"그대들은 아직 천명을 모른다. 정벌해서는 안 된다."

마침내 병사를 돌려 되돌아갔다. 2년이 지나 주왕의 혼란스러움과 포학함이 더욱 심해져 왕자 비간(比干)을 죽이고 기자(箕子)를 가뒀다는 이야기가 들렸다. 태사(太師) 자(疵)와 소사(少師) 강(彊)이 은나라의 악기들을 품고 주나라로 도망쳤다. 이에 무왕은 제후들에게 두루 고해 말을 했다.

"은나라의 죄가 무거우니 끝내 정벌하지 않을 수 없다."

이에 마침내 문왕이 남긴 뜻을 받들어 융거(戎車, 전차) 300승(乘)과 용사 3,000명, 갑사(甲士, 무장병) 45,000명을 거느리고 동쪽으로 가서 주왕을 쳤다. 11년 12월 군사들이 모두 맹진을 건넜고, 여기에 제후들도 전부 모였다. 그들끼리 말했다.

"부지런히 온 힘을 다하고, 게을리하지 말자!"

무왕은 드디어 태서(太誓, 큰 맹세문)를 지어 병사 무리들에게 고했다.

"지금 은나라 주왕은 마침내 자기 부인의 말을 써서 스스로 천명을 끊어냈고 삼정(三正)을 훼손했으며, 그의 왕부모제(王

父母弟)를 멀리했고 끝내 선조의 음악을 끊어버렸으며, 이어 음란한 노래를 만들고 바른 소리를 바꾸고 어지럽혀 자기 부인만 즐겁고 기쁘게 했다. 그래서 지금 나 발(發)은 삼가 천벌을 함께 집행하려 하노라. 그대들이여, 힘써야 할 것이다. 두 번, 세 번 다시 행하지 않도록!"

2월 갑자일 먼동이 틀 무렵, 무왕이 상(商) 땅 교외의 목야(牧野)에 이르러 마침내 맹세했다. 무왕은 왼손에 황색 도끼를 쥐고 오른손에 흰색 깃대를 잡고 지휘했다. 무왕이 말했다.

"멀리서도 와주었도다, 서토(西土, 서방의 나라)의 사람들이여! 아, 나의 나라들의 총군(冢君, 제후)들이여! 자, 나의 제후들이여! 사도, 사마, 사공, 아려(亞旅), 사씨(師氏), 천부장(千夫長), 백부장(百夫長), 그리고 용(庸), 촉(蜀), 강(羌), 모(髳), 미(微), 노(纑), 팽(彭), 복(濮)의 사람들이여, 그대들의 창을 높이 들고 그대들의 방패를 맞추고 그대들의 자루 긴 창을 세우도록 하라! 내가 선서하노라."

왕이 말했다.

"옛사람이 한 말 중에 '암탉은 새벽에 울지 않는다, 암탉이 새벽에 울면 집안이 망한다'고 하였다. 그런데 지금 은나라 임금 주는 오직 부인의 말만 옳다고 여기고 써서 스스로 선조들에 지내는 사(肆) 제사를 챙기지 않고 나라를 어지럽히며 내팽개치고, 자신의 왕부모제를 버려두고서 쓰지 않으며 마침

내 저 사방에서 죄가 많아 도망쳐온 사람들을 높여주고 길러
주고 신임하고 부림으로써 백성들에게 포학하게 대하게 하니
저들은 상나라에서 온갖 악행을 다 저질렀다.

이제 나 발(發)은 삼가 하늘의 징벌을 그대들과 함께 행하려
하노라. 오늘의 일이란 불과 예닐곱 걸음 나아가고 마침내 멈
추어 대열을 맞추는 것이니 그대들은 힘써야 할 것이다. 네댓
번, 예닐곱 번 치고 마침내 멈추어 대열을 맞추는 것이니 그
대들은 힘써야 할 것이다. 위무도 당당하게 호랑이 같고, 큰
곰 같고, 승냥이 같고, 교룡(蛟龍)과 같아야 할 것이고 상(商)
의 교외에서 도망쳐 오는 자들에 대해서는 억지로 막거나 죽
이지 말고 서토에서 노역을 시켜야 할 것이니 그대들은 힘써
야 할 것이다. 그대들이 힘쓰지 않는다면, 이에 나는 그대들
의 육신을 도륙할 것이다."

선서가 끝나고 제후의 병사들 중에서 모여든 규모는 모두 합
해서 전거(戰車) 4,000승이었고, 이들은 목야에 도열을 했다.

이때 주왕은 무왕이 왔다는 소식을 듣고 그 또한 70만의 군사
를 발동해 맞섰다. 무왕은 사상보에게 100명의 용사를 이끌
고 가서 적에게 달려들게 하고, 대졸(大卒)에게는 적군을 향해
치달리게 했다.

이때 주왕의 군사가 비록 많았지만, 모두 싸울 마음이 없었고
내심 무왕이 빨리 쳐들어오기를 바라고 있었다. 이에 주왕의

군대는 모두 무기를 자기편으로 거꾸로 돌려 싸우면서 무왕에게 길을 열어주었다. 무왕이 돌격하자 주왕의 병사들은 모두 무너져 임금을 배반했다. 주왕은 달아나 다시 성으로 도망쳐 들어가 녹대(鹿臺) 위에 올라 보석들이 박힌 옷을 뒤집어쓰고 스스로 불 속에 뛰어들어 죽었다.

무왕이 커다란 백기를 들고 제후들을 지휘하니 제후들은 모두 무왕에게 절했고, 무왕은 이에 제후들에게 읍하니 제후들이 모두 그를 따랐다. 무왕이 상나라에 이르자 상나라의 백성들은 모두 교외에서 기다리고 있었다. 이에 무왕은 여러 신하들로 하여금 상의 백성들에게 가서 말하게 했다.

"상천(上天)이 복을 내려주었도다!"

상나라의 사람들이 모두 두 번 절하고 머리를 조아리자 무왕 또한 답으로 절했다. 무왕은 드디어 성으로 들어가 주왕이 죽은 곳에 이르렀다. 그의 시신을 향해 세 발의 화살을 쏜 후에 수레에서 내려 칼로 그의 시신을 치고 황색 도끼로 주의 머리를 베어 커다란 백기에 매달았다.

이윽고 주의 애첩인 두 여자를 찾아가니 두 여자는 모두 목을 매 자살했다. 무왕은 다시 화살 세 발을 쏘고 검으로 치고 흑색 도끼로 목을 베어 작은 백기에 매달았다.

'참덕(慙德)'이란 임금이 과거에 저지른 허물을 말한다. 무왕으로서는 신하이면서 임금을 친다는 문제가 그만큼 쉬운 일이 아니었음을 단적으로 보여주는 말이라 하겠다.

공자는 무왕이 주왕을 쳐서 은나라를 무너뜨린 사안에 대해서는 극도로 말을 아꼈다. 다만 무왕이 새로운 천자가 되어 보여준 모습에 대해서만 칭찬을 했다. 오히려 은근한 비판의 말도 남겼다.《논어》〈팔일(八佾)〉편에 나오는 말이다.

> 순임금의 음악은 지극히 아름답고, 또 지극히 좋다. 그러나 무왕의 음악은 지극히 아름답기는 하지만 지극히 좋지는 않다.

이에 대한 주희(朱熹)의 풀이다.

> 순임금은 요임금을 이어 훌륭한 정치를 이룩했고 무왕은 주왕을 정벌하여 백성을 구제했으니, 그 공이 똑같다. 그러므로 그 음악이 모두 극진히 아름다운 것이다. 그러나 순임금의 덕은 천성대로 한 것이고, 또 읍하고 사양함으로써 천하를 얻은 반면 무왕의 덕은 천성을 되찾은 것이고 또 정벌하고 주살함으로써 천하를 얻었다. 두 임금 간에는 이런 차이가 있었다.

아무래도 신하로서 자신의 임금을 죽이고 천하를 얻게 된 것은 부담스러운 행위일 수밖에 없었던 것이다. 반면에 이 문제에

대해 보다 적극적인 의견을 내놓은 사람은 맹자(孟子)다. 다음은
《맹자》〈양혜왕장구(梁惠王章句)〉에 나오는 일화다.

제선왕이 물었다. "탕왕이 걸왕을 내쫓고 무왕이 주왕을 정벌
했다고 하는데 실제로 그런 일이 있었는가?"
맹자가 대답했다. "옛 서적에 그런 내용이 있습니다."
왕이 물었다. "신하가 자신의 임금을 시해하는 일이 있을 수
있는가?"
맹자가 답했다. "인(仁)을 해치는 자는 일러 적(賊)이라고 하
고, 의(義)를 해치는 자를 일러 잔(殘)이라 하며, 또 이 둘을 함
께 행한 잔적(殘賊)을 일러 일부(一夫)라 하니 일부에 지나지
않는 주(紂)를 베었다는 말은 들었어도 임금을 시해했다는 말
은 듣지 못했습니다."

임금답지 못한 자는 벨 수 있다는 것이 맹자의 논지이다. 이것
이 바로 맹자의 혁명론, 즉 천명은 바꿀 수 있다는 논리이다. 우
리 역사에서는 정도전(鄭道傳)이 바로 이런 논리로 조선 건국을
정당화하기도 했다. 사실 이것은 민주정(民主政) 국가인 현대사회
에서도 쉽지 않은 문제라는 점만 지적해둔다.

2. 불로장생에 미혹된 임금의 말로

임금이나 아버지를 죽이는 것은 '살(殺)'이라고 하지 않고 '시(弑)'라고 한다. '시역(弑逆)'이라고도 하는데 대체로 이런 일은 원대한 계획을 갖고서 행하기보다는 자신의 부귀나 안위가 임금에 의해 위협받는다고 느낄 때 측근들이 저지른다.

중국 역사에서는 특히 당나라 때 환관들이 이런 시역을 자주 범했다. 당나라 헌종이 대표적인 경우이다. 송나라의 역사가인 사마광(司馬光)이 《자치통감(資治通鑑)》의 〈헌종 원화 5년 8월 기사〉에서 전하는 헌종의 시해 장면이다. 헌종은 재상들과 더불어 이야기를 하다 대화가 신선술에 미치자 이번(李藩)이 답했다.

"진나라 시황제와 한나라 무제가 선인(仙人)의 효험을 익힌 것은 과거 역사에 잘 갖춰 실려 있고, 당나라 태종께서도 천축 승려의 불로장생약을 드셨다가 병에 이르렀으니 이는 예나 지금이나 명확한 경계로 삼아야 할 것입니다. 폐하께서는 지금 춘추가 한창이시고 바야흐로 태평에 힘을 쓰기로 뜻을 두셨으니 마땅히 방사(方士)들의 요설은 물리치고 끊으셔야 합니다. 만일 도리가 왕성해지고 제왕다움이 가득해지며 백성들이 안정되고 나라가 잘 다스려진다면 어찌 요임금이나 순임금[7]만큼 오래 살지 못할까 봐

---

7. 요임금은 119살, 순임금은 100살을 살았다고 전해진다. 이때 헌종은 33살이었다.

제2장 | 역신(逆臣)

걱정할 일이 있겠습니까?"

그런데 헌종은 원화(元和) 13년(818년)에 산인(山人, 일종의 방사) 유필(柳泌)을 태주자사로 삼았다. 임금은 만년에 신선을 좋아해서 천하에 조서를 내려 방사를 찾도록 했는데, 황보박(皇甫鎛)은 유필을 천거하면서 '이 사람은 능히 불로장생약을 만들어낼 수 있을 것'이라고 했다. 유필이 임금에게 말했다.

"천태산(天台山, 절강성 천태현)에는 신령스러운 약초들이 많으니 신이 그곳의 장리(長吏)가 되기만 한다면 거의 그런 약초들을 구한 것이나 다름없습니다."

이리하여 헌종은 유필을 태주자사에 임명했던 것이다. 간관들이 쟁론하여 글을 올렸다.

"임금이 방사를 좋아한다 하여 그들로 하여금 백성들을 다스리게 한 일은 지금까지 없었습니다."

헌종이 말했다.

"단 한 개 주(州)의 힘을 번거롭게 하여 임금을 위해 장생할 수 있게 하자는 것인데 신하 된 자로서 어찌 걱정을 한단 말인가?"

이로 말미암아 여러 신하들은 더 이상 이에 대해 감히 말을 할 수 없었다. 이듬해 유필이 태주에 이르러 관리와 백성들을 내몰다시피 하여 약초를 캐게 했으나 1년이 넘도록 아무런 소득이 없자 도망하여 산속으로 들어갔는데 절동(浙東) 관찰사가 붙잡아서 수도로 압송했다.

황보박 등이 그를 보호하니 황상은 다시 유필에게 대조한림(待詔翰林)의 일을 맡겼는데, 유필이 제조한 약을 먹고서는 날로 조갈증이 났다. 기거사인(起居舍人, 사관) 배린(裴潾)이 말씀을 올렸다.

"약이라는 것은 질병을 낫게 하는 것이지 아침저녁으로 늘 먹는 것이 아닙니다. 하물며 금석(金石)은 혹독하게 맵고 독성이 있는 데다 화기를 북돋아 사람의 오장은 거의 견딜 수 없을 것입니다. 옛날에는 군주가 약을 먹을 때는 신하가 먼저 그것을 맛보았습니다. 빌건대 약을 바치는 사람으로 하여금 먼저 스스로 1년을 먹게 하신다면 진위는 절로 가려질 것입니다."

헌종이 화가 나서 배린의 관직을 깎아 강릉현령으로 좌천시켰다. 헌종은 금단(金丹)을 복용하자 조급해져서 화내는 일이 잦았고, 좌우에 있던 환관들이 왕왕 죄를 얻어 죽는 사람들도 있게 되자 사람들마다 각자 위태로움을 느끼던 차에 원화 15년 정월 갑자기 붕어했다. 사람들은 내상시 진홍지(陳弘志)가 시역을 했다고 수군거렸지만, 사실은 같은 환관인 왕수징(王守澄)과 진홍지의 합작이었다.

진덕수는《대학연의》에서 다음과 같이 논평했다.

예로부터 임금들이 약을 잘못 쓰는 경우가 많기는 했지만, 신이 군이 헌종만을 들어서 이야기한 것은 그 지혜롭고 밝은 군주가 신하들의 청과 간언을 받아들이지 않은 채 현혹되었다는 사실 때문에 깊이 안타까워서였습니다. 그 이후로도 약초 등으로 인해 큰 병을 앓게 된 임금이 3명이 있는데, 경종(敬宗)은 몽매한 자라 비판할 필요도 없지만 무종(武宗)과 선종(宣宗)은 둘 다 빼어난 군주였는데도 현혹되어 과거의 그릇된 전철을 밟으며 그것을 제대로 거울에 비춰보지 못했습니다. 아마도 그들만큼 약에 혹해 큰 폐단을 불러일으킨 임금도 없을 것입니다.

3. 임금을 절대 한가롭게 만들지 마라

구사량(仇士良, 781년~843년)은 당나라 순종(純宗) 때의 환관으로 동궁을 모셨다. 헌종이 즉위하자 내급사(內給事)로 옮기고, 평로군(平盧軍)과 봉상군(鳳翔軍) 등을 감독했다. 헌종 원화에서 문종(文宗) 대화(大和) 사이에 여러 차례 내외오방사(內外五坊使)를 맡았고, 좌신책군중위(左神策軍中尉) 겸 좌가공덕사(左街功德使)에 발탁되었다.

그러다 감로사변(甘露事變) 이후 세력을 잡은 뒤부터 방자해져서 신하들을 마음대로 체포해 살해하는 등 조정을 제멋대로 휘둘렀다. 그 뒤 우효위대장군(右驍衛大將軍)과 표기대장군(驃騎大將

軍)을 역임하고 초국공(楚國公)에 봉해졌다. 또한 관군용사(觀軍容使)로 옮겼고, 좌우군(左右軍)을 모두 통솔했다.

그렇게 20여 년 동안 온갖 탐학을 저지르면서 두 명의 왕과 한 명의 왕비, 네 명의 재상을 살해했다. 나중에 질병으로 사직을 청하고, 얼마 뒤에 죽었다. 구사량이 후배 환관들에게 임금을 다루는 법을 전수하는 장면이 《자치통감》에 실려 있다.

천자를 한가롭게 해서는 안 된다. 항상 사치스럽고 화려한 것으로 그의 눈과 귀를 즐겁게 해서 날마다 새로워지고 달마다 더 성대하게 하여 다른 일에 다시 관심을 두게 해서는 안 되고, 그런 후에야 우리들은 원하는 뜻을 얻을 수 있다. 조심스레 천자로 하여금 글을 읽고 유학을 공부한 신하들을 가까이하지 못하도록 해야 한다. 만일 그가 글을 읽어 전 시대의 흥망을 보고 마음속으로 나라가 망할 수 있는 두려움을 알게 된다면 우리와 같은 무리들을 멀리하고 배척한다.

이율곡(李栗谷)은 자신의 책 《성학집요(聖學輯要)》에서 구사량의 이 같은 발언에 대해 다음과 같은 논평을 남겼다.

신이 생각하건대, 환관의 화는 예로부터 지금까지 있어 왔던 일입니다. 이는 그가 임금을 가까이해 오면서 깊이 정이 들고 남모를 일까지도 나누어 오래 함께하면서 차차 젖어들어 임금이 선(善)을 좋아하는 마음을 알지 못하는 사이에 녹여 없애기 때문입니다.

한나라에서는 그들에게 위력과 권세를 주었으며, 당나라에서는 병권을 맡겨 그들을 제재하고 싶어도 할 수가 없었던 일이 역사에 환히 밝혀져 있으니 거울로 삼아 경계할 만한 일입니다.

우리나라는 선왕의 가법(家法)이 엄숙하여서 200년 내려오는 동안 환관이 정치에 참여했던 적이 없었으니 이는 실로 근대에 보기 드문 일입니다. 그러나 이를 믿고 소홀히 한 것에 대하여는 염려하지 않을 수 없습니다. 날로 새롭게 하고 단속하고 신칙하게 하여 궁중과 모든 관서(官署)가 한 몸이 되어 환관의 무리들로 하여금 사대부를 엄하고 두려운 존재로 여기게 한 뒤에야 선왕의 가법을 가히 오래도록 지킬 수 있을 것입니다.

4. 위엄을 잃은 군주의 비참한 말로

우리 역사에서 당나라 헌종과 흡사한 인물이 바로 고려 때의 공민왕이다. 헌종은 쇠락에 접어든 당나라 왕실에 거의 마지막으로 활력을 불어넣은 황제였다. 정치제도를 일신하고 60년 만에 군벌세력도 제압했다.

그러나 이 같은 정치적 승리에 도취되어 신선술에 빠져들었다가 과도한 약 처방으로 감정을 절제하지 못하고 함부로 환관을 죽이는 등 광기를 부렸다. 공민왕도 이와 흡사했다. 《고려사》〈반역열전(叛逆列傳)〉에 실린 공민왕의 죽음이다.

홍륜은 남양 사람으로, 시중 홍언박(洪彦博)의 손자다. 공민왕이 일찍이 얼굴이 아름다운 소년 자제를 선발해서 자제위에 두었는데 홍륜, 한안, 권진, 홍관, 노선 등이 모두 이에 속했으며 음탕하고 추악한 짓으로 왕의 총애를 얻었다.

홍륜 등은 항상 궁중에서 숙직했는데, 때로는 한 해가 다 지나도 휴가를 주지 않아서 모두 내심으로 원망하고 있었다. 왕은 홍륜 등을 시켜 여러 비빈들과 간통하게 하여 아들을 낳으면 후계자로 삼으려는 희망을 가지고 있었다. 그러는 중에 익비가 임신을 했다. 내시 최만생이 어느 날 임금을 따라 변소에 갔다가 임금에게 가만히 고했다.

"제가 익비전에 갔더니 비의 말씀이 임신 5개월이라 하셨습니다."

왕이 기뻐하면서 말했다.

"내가 항상 영전(影殿)에 부탁할 데가 없어서 근심했는데, 이제 비가 이미 잉태했다니 내가 무슨 근심이 또 있겠느냐!"

조금 있다가 또 물었다.

"누구와 잤다더냐?"

최만생이 말했다.

"비의 말씀이 홍륜이라고 했습니다."

이에 왕은 말했다.

"내일 창릉(昌陵)으로 갈 터인데, 그때 주정하는 척하면서 홍륜의 무리를 죽여 입을 막을 것이다. 그런데 네가 이 일을 알았으니 너도 마땅히 죽음을 면치 못할 것이다."

최만생은 공포를 느끼고 홍륜, 한안, 권진, 홍관, 노선 등과 공모하고 이날 밤 삼경에 침전으로 들어가서 왕이 술에 취해 정신 모르고 자는 틈을 타서 최만생이 검으로 치니 뇌수가 벽에까지 튀었다. 권진, 홍관, 노선, 한안 등도 왕을 마구 쳤다.

소위 개혁군주 공민왕의 비참한 최후는 이러했다. 위엄을 잃은 군주의 어쩌면 당연한 최후인지도 모른다.

5. 엄자치와 김처선, 환관의 바른 모습을 보이다

당나라 환관이 모두 구사량 같지는 않았다. 많지는 않아도 충근한 환관으로 도리에 입각해 황제를 가까이에서 모신 서문계현(西門季玄), 마존량(馬存亮), 엄준미(嚴遵美) 같은 이들도 있었다.

조선은 전통적으로 환관에 대한 제도적 규제가 강해 이이의 말대로 환관이 정치에 참여하기는 힘들었다. 그런 가운데도 충직한 인물들이 있었다. 실록에 '김처선'이라는 이름이 처음으로 등장하는 것은 단종 1년(1453년) 10월 13일 자다.

"경상도 영해에 귀양 가 있는 김처선(金處善)을 석방하라."

이때는 수양대군과 한명회, 권람 등이 계유정난을 일으킨 직후였다. 이를 통해 볼 때 김처선은 김종서 등과는 반대쪽에 섰던 인물로 보인다. 4개월 후인 단종 2년 2월 19일 김처선은 고신을 돌려받아 환관에 복귀했다.

그러나 1년 후인 단종 3년(1455년) 2월 27일 김처선은 수양의 동생 금성대군 이유(李瑜)가 단종 복위 운동을 펼친 데 참여했다가 발각되어 고신을 빼앗기고 고향인 전의(全義)의 관노로 전락한다. 그러나 처형을 당하지 않은 것을 보면 그리 열성적인 가담자는 아니었던 것으로 보인다.

이때만 해도 환관 중에서는 엄자치가 제일 유명했다. 엄자치는 세종으로부터 가장 큰 총애를 받은 환관이었다. 이후 계유정난에 참여해 공신에 책록되었던 엄자치는 단종 복위 운동을 펼치며 사육신과 같은 길을 걷다가 세조에 의해 죽게 된다.

김처선은 2년 후인 세조 3년(1457년) 8월 18일 세조의 특명으로 관노의 신분에서 벗어났고, 세조 6년(1460년) 5월 25일에는 뒤늦게 원종공신 3등에 책록된다. 큰 공은 아니지만 나름대로 계유정난에 김처선도 일정한 기여를 했다는 것을 알 수 있다.

그러나 세조와 김처선은 서로 궁합이 맞지 않았던 것 같다. 제대로 시종을 하지 못했다는 이유로 여러 차례 국문을 당하거나 곤장을 맞았다는 기록이 나온다. 특히 세조 11년에는 희한한 사건에 연루되어 목숨을 잃을 뻔했다.

덕중(德中)이라는 궁녀가 남몰래 세종의 아들인 임영대군 이구의 아들 구성군 이준을 흠모해서 환관 최호와 김중호를 통해 한글로 된 언문 연서를 보냈다가 임영대군과 구성군의 밀고로 발각되는 일이 있었다. 이로 인해 덕중은 말할 것도 없고 최호와 김중호까지 사형을 당했다. 이때 김처선도 간접적으로 연루된 듯하다. 그러나 죄가 중하지는 않았는지 세조는 용서해주겠다고 말했다.

그러다 성종이 즉위해 본격적으로 친정을 시작한 재위 8년(1477년)에 다시 김처선이라는 이름이 실록에 등장한다. 이때부터 김처선은 주로 왕명을 비밀리에 받드는 중책을 맡았고 품계가 계속 올라 자헌대부(資憲大夫)에까지 올랐다. 자헌대부는 정2품에 해당하는 대단히 높은 관작이다.

성종이 즉위한 지 25년(1494년) 만에 승하했을 때, 김처선은 내시 중에서 최고위직인 시릉내시를 맡았다. 시릉내시란 왕의 무덤을 돌보는 내시를 뜻하는 것으로 살아 있을 때 성종의 무한 총애를 받았음을 간접적으로 보여준다.

이렇게만 따져도 김처선은 그 사이에 세종, 문종, 단종, 세조, 예종, 성종 등 여섯 임금을 모셨다고 할 수 있다. 아마도 세종 말이나 문종 때 대궐에 들어갔을 것이다. 그다음 김처선은 어려서부터 성장 과정을 곁에서 모두 지켜보았던 연산군을 모시게 된다.

연산군이 폭군으로 변하기 시작하는 것은 대략 재위 10년을 넘기면서부터였다. 그 때문인지 10년간 김처선에 관한 이렇다 할 기록이 없다가 연산군 10년(1504년) 7월 16일 연산군은 "내관 김처선을 하옥하라"는 명을 내린다.

"김처선은 무례한 일이 있었으므로 죄를 주어야 하나 도설리(都薛里)가 없으니 우선 장 100대로 대신하라."

도설리는 내시부 소속으로 궁궐의 음식을 맡아보던 설리를 관리 감독하는 우두머리를 뜻한다. 중벌을 범했으나 일단 궁궐의 음식을 주관해야 하니 곤장 100대로 대신하겠다는 뜻이다. 정확히 김처선의 '무례'가 어떤 행위를 말하는지는 실록에 전하지 않는다. 그러나 맥락으로 볼 때 광기를 보이기 시작하던 연산군에게 직언을 했던 것으로 보인다.

그만큼 김처선으로서는 임금을 가까이에서 보살펴야 하는 본분에 충직했다는 뜻일 수도 있다. 그리고 9개월이 지난 연산군 11

년 4월 1일 "환관 김처선을 궐내에서 죽이고, 아울러 그의 양자 이공신도 죽였다"는 짧막한 문장이 나온다. 무슨 일인지 모르지만 김처선은 폭군 연산군의 미움을 사는 바람에 죽게 된 것이다.

거기서 그치지 않고 연산군이 내린 가혹한 후속 조치들을 보면 김처선은 죽기를 각오하고 연산군의 광폭한 행동에 제동을 걸려고 했음이 분명하다. 다행스럽게 죽게 된 이유와 관련해 딱 한 줄이 나온다.

"술에 몹시 취해 임금을 꾸짖었다."

그 대가는 컸다. 왕이 직접 그의 팔다리를 자르고 활을 쏘아 죽였다는 기록이 보인다. 가산을 몰수당했고 고향 전의도 지도상에서 사라졌으며, 7촌까지의 친척도 죽음을 면치 못했다. 김처선을 죽인 연산군은 이틀 후 '어제시(御製詩)'까지 지었다. 그중에 자신이 김처선에게 당한 봉변은 '바닷물에 씻어도 한이 남으리'라고 썼다.

그런 광기는 6월 16일 관리와 무신 중에 김처선과 이름이 같은 자는 모두 고치도록 하라는 명에서 더욱 심해지고 있었다. 7월 14일에는 절기를 나타내는 처서(處暑)에도 김처선의 '처(處)' 자가 있다는 이유로 조서(徂暑)로 바꿔 부르도록 명했다. 술을 먹고 자신에게 직간한 김처선이 생각할수록 분노가 치솟았기 때문이다.

7월 19일에는 모든 문서에서 '처(處)' 자를 쓰지 말 것을 명했다. 선(善) 자는 워낙 많이 쓰기 때문에 어쩔 수 없이 이 글자만 쓰지 못하게 했는지도 모른다. 실제로 그해 12월 오늘날의 국무총리 비서실장에 해당하는 사인(舍人) 성몽정이 문서에 처(處)를 썼다는 이유로 잡혀와 국문을 당했다.

다행히 성몽정이 그 글자를 쓴 때가 7월 19일 이전이라는 사실이 밝혀지는 바람에 겨우 목숨을 구할 수 있었다. 성몽정은 이 일로 벼슬에서 물러나 있다가 중종반정에 참여하여 정국공신 4등에 책록되고 훗날 대사헌에까지 오른다.

연산군은 생각할수록 김처선에 대한 분노를 참을 수 없었던 것 같다. 이듬해인 연산군 12년 3월 12일 "김처선의 집을 흔적도 없이 파내고 그곳에 못을 만들어라. 그리고 그의 죄명을 바윗돌에 새겨 땅속에 파묻어라!"고 명했다. 그러나 그해 9월 연산군은 반정으로 왕위에서 내쫓겼고, 이어서 중종이 즉위했다.

그해 11월 24일 사헌부 헌납(獻納) 강중진이 글을 올려 '모두가 폐주에게 아부, 아첨할 때 김처선만이 홀로 직언을 하다가 죽었으니 포상해야 합니다'라고 했으나 중종은 허락하지 않았다. 중종은 왜 김처선의 복권과 명예회복에 반대한 것일까? 중종 7년 12월 4일 《삼강행실(三綱行實)》 속편을 편찬하던 찬집청(撰集廳)에서 김처선의 사례를 삼강행실 속편에 포함시킬 것인지 여부를 묻자 중종은 이렇게 답한다.

"김처선은 바른말을 하려고 했다기보다는 술에 취해 실언을 한 것이기 때문에 수록할 필요가 없다."

김처선의 명예회복은 250년이 지난 1751년(영조 27년) 2월 3일 영조에 의해 이뤄진다. 영조는 이날 '내관 김처선이 충간(忠諫)을 하다가 죽게 되었다는 것은 내 일찍이 아주 익숙히 들었다'며 정문(旌門)을 세워 그의 뜻을 기리도록 하라고 명한다.

제3장

*

권간
權奸

임금을 무시하고
권력을 휘두른 간신들

1. 임금보다 신하가 더 힘이 세면

《시경》은 공자가 편찬한 시집이다. 공자 자신이 직접 지은 시는 아니지만 공자가 골랐다는 점에서 그가 중요하게 생각한 것이 무엇인지를 간접적으로나마 엿볼 수 있다.

그런데 《시경》에는 각종 유형의 간신들에 대해 근심하는 시들이 제법 들어 있다. 진덕수는 《대학연의》에서 《시경》에 실린 두 편의 시를 통해 각각 임금이 건도(乾道)를 본받아야 함과 곤도(坤道)의 점점(漸漸)을 경계해야 함을 절절하게 풀이하고 있다.

《시경》 〈탁혜(蘀兮)〉는 홀(忽, 소공(昭公)의 이름)을 풍자한 시로, 임금이 약하고 신하는 강해 임금이 선창을 해도 신하가 화답하지 않는다는 내용을 담고 있다.

"마른 잎이여, 마른 잎이여

바람이 불어 너를 떨어뜨리려 하는구나

숙(叔)이여, 백(伯)이여

나를 부르면 내 너희들에게 화답하리라.

마른 잎이여, 마른 잎이여

바람이 불어 너를 날려 보내려 하는구나

숙이여, 백이여

나를 부르면 내 너희의 뜻을 이루어주리라."

진덕수는 이렇게 말하고 있다.

"신이 가만히 살펴보겠습니다. 《춘추좌씨전》에 따르면 정나라의 소공을 왕위에 추대한 채중(祭仲)[8]은 모든 일을 주도했습니다. 이른바 신하가 강하다는 것은 채중을 가리킨다고 하겠습니다.

말하자면 임금은 높고 신하는 낮은 것이 천하의 정해진 분수이니 낮은 자는 마땅히 약해야 하는데 반대로 강한 자였습니다. 그러니 높은 자는 마땅히 강해야 하는데 반대로 약한 자

---

8. 기원전 743년~682년, 정나라의 대부로 자신의 필요에 따라 여러 임금을 세웠다가 내쫓았다가 했다.

였습니다.

높은 자가 어찌하여 이처럼 약하고 힘없고 여려서 스스로 설 수 없고 게으르며 스스로는 떨칠 수 없는 것이겠습니까? 이는 아마도 약하기 때문일 것입니다. 임금이 이미 약하게 되면 위엄과 복을 주관할 수 있는 권세는 반드시 다른 곳으로 돌아가게 되는데, 이것이 바로 신하가 강한 까닭입니다.

임금이 선창을 하면 신하가 화답을 하는 것은 천하의 변함없는 이치입니다만, 일단 임금이 약하면 명령을 내릴 수 있는 권한을 장악하지 못하고 그의 신하들이 자기들끼리 선창하고 화답하지 임금으로부터 명령을 받지 않습니다.

그래서 '마른 잎이여, 마른 잎이여, 바람이 불어 너를 떨어뜨리려 하는구나'라는 구절은 여러 대부들이 강한 신하의 위치에 있는 것이 마치 임금이 나뭇가지에 겨우 붙어서 떨어질랑 말랑 하면서도 스스로를 지키지 못하는 것을 풍자하고 있습니다.

이에 강한 신하들이 자기들끼리 의논하며 스스로 선창하고 화답하고, 자기들끼리 당파를 만들어가면서 재앙을 피해볼 계책으로 삼으니 이는 대개 그들이 임금을 제대로 신뢰할 수 없다는 것을 잘 알고 있기 때문입니다.

나라의 위세가 이 지경에 이르면 이른바 난들 어찌하랴 할 뿐이니 임금 된 자는 하늘과도 같은 도리의 튼튼함으로 스스로를 채찍질하지 않을 수 있겠습니까?"

《시경》〈교동(狡童)〉도 홀(忽)을 풍자한 시이다. 현능한 신하들과 더불어 나랏일을 도모하지 못하니 권세를 잡은 신하들이 제 마음대로 명령을 낸다는 내용이다.

저 교활한 아이
나하고는 말도 하지 않는도다
아! 그대가 그런다고
내 밥을 먹지 못하겠는가?
저 교활한 아이
나하고는 밥도 먹지 않는도다
아! 그대가 그런다고
내 편히 쉬지 못하겠는가?

진덕수는 이렇게 말한다.

"신이 가만히 살펴보겠습니다. 앞 장의 시 '마른 잎이여'가 풍자한 것은 신하가 강한 것뿐이었고, 이 장에서는 한 나라의 권세가 채중에게 다 돌아가 생사여탈권을 마음대로 할 수 있게 되니 신하의 강함이 더욱 심해진 것입니다.

무릇 천하에 일찍이 현능한 자가 없었던 적은 없으니 아무리 권신이 제 마음대로 일을 좌지우지할 때라고 해도 반드시 권신에게 아부하지 않으려는 신하도 있을 것을 것입니다. 따라서 임금이 이런 사태를 파악하여 일을 도모한다면 그 상황은 오히려 도리를 회복할 수 있는 쪽으로 바뀔 수 있는 것입니다.

예를 들면 제나라의 권세가 전씨에게 있었지만 안영이라는 인물이 있었으니 경공이 능히 안영을 자신이 도모하는 바에 참여시킴으로써 전씨는 결국에 가서 나라를 찬탈하려는 뜻을 수행할 수 없었던 것입니다.

또 노나라의 권세가 계씨(季氏)에게 있었지만 자가기(子家羈)가 있었으니 소공(昭公)이 능히 자가기를 자신이 도모하는 바에 참여시킴으로써 계씨는 결국 임금을 축출하려는 뜻을 이룰 수 없었던 것입니다. 그러니 두 나라가 그 전에 권력이 바로 될 수 없었던 것은 그 두 신하의 말이 채용되지 못했기 때문입니다.

이 시는 아마 당시 현자가 지었을 것이니, 현자는 임금으로부터 인정을 받지 못했다고 해서 스스로 자신이 먼저 의리를 끊지는 않습니다. 그래서 비록 더불어 말하지 않고, 더불어 먹지 않아도 나라가 잘못된 방향으로 가는 것을 숨어서 걱정하고 분해하며 밥도 제대로 먹을 수 없고 편히 쉴 수도 없는 지경에 이르렀으니, 그 마음의 충후함이 어떠한 것이겠습니까?

만일 소공으로 하여금 이 같은 사람이 그가 도모하는 바에 참여시키게 했다면 반드시 장차 제나라나 노나라처럼이라도 되었을 터이지만, 소공은 그럴 능력이 없었으니 얼마 안 가서 채중이 임금의 자리를 몰래 도적질한 다음에 마침내 홀을 내쫓아버리고 돌(突)[9]을 내세웠으니 임금 바꾸기를 마치 바둑돌 놓듯 쉽게 했습니다. 이를 보면 그 점점 이루어지는 바가 단 하루가 아니었습니다.

이런 맥락에서 신이 이 시를 살펴보니 분노와 성냄이 담긴 시어를 쓰고 있는데, 그 말은 비록 불손해 보이지만 그 마음은 지극히 삼가고 정성을 다하고 있으니, 이 시를 읽는 사람은 그 말에 얽매여서 본래 하고자 하는 뜻을 해쳐서는 안 될 것입니다."

2. 간신들이 임금을 옭아매는 7가지 술책

《논어》〈안연〉편에서 제자 자장이 소문이 난다는 것이 무슨 뜻이냐고 묻자, 공자는 이렇게 답했다.

夫聞也者 色取仁而行違(부문야자 색취인이행위)

居之不疑 在邦必聞在家必聞(거지불의 재방필문재가필문)

무릇 소문만 요란한 사람이란 겉모습은 어진 듯하나 행실이

---

9. 여공(厲公)을 말한다.

도리와 어긋나고, 평소 생활할 때는 자신의 행실에 대해 아무런 성찰이나 반성도 하지 않으니 결국 나라에 있어도 반드시 소문이 나고 집 안에 있어도 반드시 소문이 난다.

뛰어난 지도자라면 바로 이런 소문만 요란한 자를 미리 살펴서 알아내야 한다. 앞에서 본 것처럼 공자는 《논어》에서 지인지감(知人之鑑) 능력의 네 단계에 대해 유명한 말을 남겼다.

날 때부터 사람을 잘 알아보는 것이 1등, 사람 보는 법을 배워서 사람을 알아보는 것이 2등, 겪고 나서야 사람을 알아보게 되는 것이 3등, 겪고서도 사람 보는 법을 배우려 하지 않는 것이 꼴등이다.

지도자는 뛰어난 이가 뛰어나다는 사실을 알아보는 것도 중요하지만 동시에 간사한 자가 간사하다는 사실을 알아보는 것은 그 이상으로 중요하다. 뛰어난 이를 몰라본다고 해서 나라나 조직이 당장 망하지는 않지만 간사한 자를 알아보지 못하고 가까이할 경우 망하는 것은 시간문제이기 때문이다.

그러면 간사한 자를, 간신을 어떻게 식별해낼 것인가? 참으로 어려운 문제다. 간신은 따로 있는가? 진덕수는 간신은 따로 있다기보다는 임금이 그렇게 만드는 측면이 많다고 보았다. 그는 한

제3장 | 권간(權奸)

나라의 제위를 찬탈한 왕망에 대해 이렇게 말했다.

"초창기에 어찌 반드시 곧장 그의 마음속에 나라를 찬탈하려
는 뜻이 있었겠습니까? 서리를 밟았을 때 (추위가 찾아오리라
는 것을) 경계하지 않으면, 그것은 알지 못하는 사이에 점점
얼음이 된다고 했습니다."

맨 처음에 임금이 그 의도를 알아차렸다면 왕망은 더 이상 야
망을 키워가지 못했을 것이라는 진덕수의 진단이다.《대학연의》
에서 진덕수는 찬탈까지 가지는 않더라도 권력의 칼자루를 임
금으로부터 빼앗아 호가호위하는 문제를 훨씬 심도 있게 다룬다.
찬탈은 불과 50쪽에 불과하지만 '간사한 자가 주군을 옭아매
는 실상'에 대해서는 일곱 가지 유형으로 나눠 무려 250쪽에 걸
쳐 파고든다. 그만큼 간사한 자들이 임금을 옭아매는 기술은 다
양하고 알아차리기 어렵다는 뜻이기도 하다. 오늘날에 맞게 다시
일곱 유형으로 재구성해보았다.

• **제1유형** 주군의 속마음을 미리 읽어내어, 주군의 마음이 음
란한 즐거움에 가 있음을 확인한 다음 그쪽으로 몰아간 후에 권
력의 칼자루를 제 마음대로 하는 것이다. 진나라 2세 황제 호해
(胡亥)와 조고(趙高)의 관계가 대표적이다. 2세 황제가 "눈과 귀가

좋아하는 것은 남김없이 하고 싶고, 마음속으로 즐기고 싶은 바를 끝까지 하고 싶다"고 말하자, 조고는 바로 이어받아 "이는 현능한 임금이라면 얼마든지 할 수 있는 것이지만 우매한 임금에게는 금하는 것입니다" 하고 귀를 즐겁게 해주었다. 교묘한 말로 주군의 황음을 말리기는커녕 몰아간 경우다.

이때 이사(李斯)는 2세 황제의 잘못을 지적하는 말을 하고 싶었으나 황제가 싫어했다. 게다가 당시 아들이 태수로 있으면서 도둑을 제대로 다스리지 못해 문책을 받았고, 자신도 문책을 당한 처지였다. 이에 자리를 지키는 데 혈안이 되었던 이사는 이런 글을 올렸다.

"무릇 현능한 군주라면 반드시 신하들을 감독하고 꾸짖는 방법을 행합니다. 신하들을 제대로 감독하고 꾸짖지도 못하면서 천하의 백성들을 위해 자신의 몸만 힘들게 하여 마치 요임금이나 우왕처럼 한다면 이를 일러 질곡(桎梏)이라고 하는 것입니다."

조고와 이사 같은 권간들에게 포위된 2세 황제는 결국 비명횡사하고 말았다.

• **제2유형** 소인이 군자들을 해코지하려 할 때는 반드시 유력자와 굳게 결탁해서 당을 만들어 도움을 받은 후에 군자로 하여금 설 자리를 없게 만든다.

한나라 원제(元帝) 때 외척 사고(史高)는 원제가 즉위하자 단지 자리만 지킬 뿐이었다. 사고는 선제(宣帝)의 할머니인 사량(史良)의 조카로, 선제 때는 오랜 인연으로 시중(侍中)이 되고, 나중에 대사마(大司馬) 곽우(霍禹)가 모반을 꾀하는 사실을 폭로해서 낙릉후(樂陵侯)에 봉해졌다.

그러다 선제의 병이 위중해지자 대사마와 거기장군(車騎將軍)이 되어 상서(尚書)의 일을 대행하면서 소망지(蕭望之)와 함께 유조(遺詔)를 받들어 수행했다. 뛰어난 신하였던 소망지는 후창(后蒼)에게 《제시(齊詩)》를 배웠고, 하후승(夏侯勝)에게 《논어》와 예복(禮服)을 배웠으며, 백기(白奇)에게도 수학했다. 소제(昭帝) 말년에 갑과에 급제하여 낭관이 되었고, 선제 때 어사대부와 태자태부 등을 지냈다.

소망지는 감로(甘露) 3년(기원전 51년) 석거각회의(石渠閣會議)에 참석하여 여러 학자들과 오경(五經)의 동이(同異)에 대해 토론했다. 이때 《제시(齊詩)》와 《노논어(魯論語)》를 전했으며, 《춘추곡량전》과 《춘추좌씨전》에도 밝아 그의 학문은 주운(朱雲) 등에게 전해졌다.

당시의 실력자 곽광(霍光)에게 압박을 받았지만, 곽씨가 몰락한 뒤에는 선제에게 신임을 얻어 시방장관과 법무장관, 황태자의 교육관 등을 맡았다. 곡물 납입에 의한 속죄제(贖罪制)에 반대하는 등 도덕주의적 입장에서 환관의 전횡을 막아 제도를 개혁하려 했지만 중서령(中書令) 홍공(弘恭)과 석현(石顯)의 모함에 빠져 자살하고 말았다. 사마광의 《자치통감》은 그중 석현에 대해 이렇게 말한다.

"석현은 그 사람됨이 재주가 많고 머리가 좋아 일을 익혀서 임금의 작은 뜻까지도 능히 깊이 알아차렸고, 속으로는 도적과도 같은 생각을 깊이 하면서 궤변으로 다른 사람들을 중상모략하고 자신을 고깝게 본 사람에게는 반드시 원한을 품어 번번이 법으로 보복을 가했다."

어느 날 소망지가 원제에게 홍공과 석현 두 사람을 파직해야 한다고 건의했다. 이에 두 사람은 오히려 소망지가 붕당을 짓고 권력을 제 마음대로 유린했다고 몰아세워 결국 소망지는 죄에 걸려들어 자살하고 말았다. 원제는 자신의 스승이기도 한 소망지가 억울하다는 사실을 깨달았지만 이미 상황은 종료된 후였다. 이 일에 대한 진덕수의 엄정한 평가다.

"임금 된 자가 강건함과 굳셈을 갖추지 못한 채 아녀자와도 같은 어짊에 구애된다면 간신의 농간이 행해지지 않는 바가 거의 없게 되는 것이다."

• <u>제3유형</u> 맨 처음을 제대로 다스리지 못하면 상황은 훨씬 위

험한 지경에 빠진다. 간사한 자들이 요행히 임금의 측근이 되면 임금의 마음속을 파고드는 꾀가 날로 교묘해지고 서로 기대어 밀어주는 무리가 날로 번성해 안팎의 큰 권세가 이미 그들의 손에서 나오게 된다.

이를 진덕수는 "사직단에 숨어 있는 쥐는 연기를 피워 나오게 할 수 없고, 성곽의 구멍에 숨은 여우는 물을 채워 넣어 꺼낼 수 없는 것과 같다"고 했다. 이를 '성호사서(城狐社鼠)'라고 하는데, 임금 곁에 있는 간신들은 몸을 안전한 곳에 두고 나쁜 짓을 일삼기 때문에 발본색원을 하기가 쉽지 않음을 뜻하는 고사성어다.

그래서 원제의 경우 석현의 간사스러움을 알면서도 결국 제거하지 못한 것은 제거하고 싶은 생각이 없었던 것이 아니라 제거할 수 없었기 때문이다. 훤하게 사람을 꿰뚫어볼 줄 아는 임금이 아니고서는 사실상 이런 간사스러운 자들을 제거한다는 것은 불가능한 일이다. 실은 원제에게 그런 능력이 없기 때문에 상황이 이렇게 되었던 것이다.

• **제4유형** 원제처럼 용렬하고 어두운 임금일 때는 어진 이를 노골적으로 밀쳐내는데, 이를 '현제(顯擠)'라고 한다. 반면에 뛰어나고 밝은 임금일 때는 암암리에 제거하는데, 이를 '음배(陰排)'라고 한다.

한나라 유방이나 무제는 사람을 보는 데 뛰어났던 임금들이다.

그런데도 조요(趙堯)는 주창(周昌)의 어사대부 자리를 빼앗으려고 유방에게 조왕(趙王) 유여의(劉如意, 척부인 소생)를 위해서는 뛰어나고 강직한 재상을 붙여줘야 한다면서 주창을 천거해 뜻을 이뤘고, 공손홍(公孫弘)은 동중서(董仲舒)를 시기해 그를 외방으로 내치기 위해 무제에게 말해 교서왕의 재상이 되도록 했다.

조요는 고조를 모시다가 고조가 즐거워하지 않고 슬픈 노래를 부르자 여러 신하들 중에서 홀로 고조의 근심의 원인을 지적했다. 고조가 해결책을 묻자 귀하고 강한 신하를 조나라 승상으로 삼도록 진언하면서 어사대부 주창을 추천했다. 그러나 고조는 주창 대신 조요를 어사대부로 삼았다.

주창은 진나라 때 사수졸사(泗水卒史)를 지냈다. 나중에 유방을 따라 패현에서 봉기하여 입관(入關)했고, 진나라를 격파하여 중위(中尉)가 되었다. 이후 내사(內史)로 오창(敖倉)을 견고하게 방어하여 어사대부(御史大夫)가 되고, 항우를 격파하기도 했다.

유방이 제위에 오르자, 조요는 분음후(汾陰侯)에 봉해졌다. 조요는 말을 더듬었으나 사람됨이 고집이 세고 직언을 서슴지 않았다. 고조가 태자를 폐하고 여의(如意)를 세우려고 하자 한사코 이를 막았고, 여후(呂后)가 조왕(趙王)을 독살하자 병이 났다고 핑계를 대고는 입조(入朝)하지 않았다.

유방이나 무제 모두 뛰어난 임금이었음에도 겉으로는 천거하여 높이는 듯하지만 실상은 은밀하게 밀쳐내는 술책을 알아차리지 못해 뛰어난 신하들을 잃은 경우라 하겠다. 이런 술책을 '양예음제(陽譽陰擠)'라 한다.

• **제5유형** 충언의 거스름과 아첨의 고분고분함이 인지상정임을 알고서 이를 악용하는 경우이다. 따라서 임금 된 자가 이 점을 충분히 알고 작은 말과 행동 하나에도 그 같은 움직임을 미리 막을 때라야 온갖 꾀를 써서 남의 마음을 알아내려는 간사함은 그 뜻을 얻지 못할 것이고, 끊임없이 임금의 작은 것까지도 찾아 살피려는 계략은 시행될 수가 없다.

이미 보았듯이 간사한 자들이 임금을 호리는 방법은 아주 다양하지만 궁극적으로는 한 가지, 즉 무조건 윗사람의 뜻에 맞추는 봉영(逢迎)으로 요약할 수 있다.

임금이 음악을 좋아하면 어느새 온 세상의 좋은 악사와 무희들을 동원해 연회를 열어주고, 원대한 계략을 좋아하면 무리한 정복사업을 펼치도록 계획을 빚어내며, 비판이나 지적을 싫어하면 누군가의 우회적인 비판이나 풍자적인 간언에서도 털끝만 한 뜻을 찾아내 그것을 부풀려 반드시 죄로 엮어 경쟁자들을 제거한다.

수나라 양제(煬帝)는 자신이 잘 다스린다는 뜻을 확신한 나머지 천하에 도적이 많다는 보고를 듣는 걸 극도로 싫어했다. 그러다 보니 올라오는 보고마다 도적이 예전보다 절반, 혹은 10분의 1로 줄어들었다는 식이었다. 그러나 실제로는 점점 늘어나고 있었다. 양제가 한번은 고구려를 정벌하는 문제를 물었는데 신하중에 곧은 말을 하는 납언(納言) 소위(蕭威)가 에둘러서 천하에 도적이 많음을 일깨워주고 싶어 이렇게 말했다.

"이번 정벌에서 바라건대 군사들을 징발하지 않고 다만 여러 도적들을 사면하신다면 절로 수십만 명을 얻을 수 있으니 그들을 보내 동쪽을 정벌하십시오."

이 말에 양제는 몹시 불쾌해했다. 소위가 나가자 아첨을 일삼던 어사대부 배온(裴蘊)이 말했다.

"이것은 크게 불손한 발언입니다. 천하의 어느 곳에 그렇게 많은 도적이 있다는 말입니까?"

양제가 말했다.

"저 늙은 가죽이 아주 간사스럽게도 도적을 빙자하여 나를 협박하는구나! 저 주둥아리를 때리고 싶지만 내가 참노라."

배온은 양제의 속마음을 알아채고서 사람을 보내 소위의 죄를 억지로 만들어냈고, 결국 옥사가 이뤄져 소위는 관직에서 쫓겨나 평민이 되었다. 수나라는 곧 망했다. 이는《자치통감》에 나오는 일화다.

• **제6유형** 진덕수는 "간신이 나라를 좌지우지할 때에는 반드시 먼저 언로를 막아서 임금을 저 위에 외로이 혼자 있게 만들어, 또 맹인처럼 밖을 볼 수 없게 만든 다음에야 그 뜻한 바를 마구 펼쳐냈다"고 말한다. 당나라를 대표하는 간신 이임보(李林甫)의 술책이 그런 경우이다. 《신당서(新唐書)》에 나오는 일화다.

> 이임보가 재상의 자리에 있으면서 총애를 튼튼히 하고 권세를 장악하여 천자의 귀와 눈을 가리고 속이자 간언의 책임을 맡은 관리들은 하나같이 자신들의 봉록이나 지키고자 하여 감히 바른말을 하는 사람이 없었는데, 보궐(補闕) 두진(杜璡)이 두 번째 글을 올려 잘못된 정사를 논하자 그를 하규 영(下邽 令, 지방관리)으로 좌천시켜버렸다. 그런 다음 이임보는 다른 간관들을 이렇게 협박했다.
>
> "밝으신 천자가 위에 계시니 신하들은 그 뜻을 그냥 따르면 되는 것이지 무슨 다른 할 말이 있겠느냐. 너희들은 의장대에 줄지어 선 말들을 보지 못했느냐. 하루 종일 소리를 내지 않으면서도 3품관의 사료를 먹는데, 한 번 소리를 지르면 그놈은 쓰지 않는다. 그다음에는 설사 울지 않는다고 해도 쓰겠는가?"

이 일로 말미암아 간언을 다투어 올릴 수 있는 길은 끊어졌다. 《구당서(舊唐書)》는 이임보를 이렇게 평하고 있다.

황상은 말년에 스스로 태평성대를 이루었다는 자긍심에 가득 차서 천하에 다시는 근심 걱정이 없으리라 확신했다. 그리고 깊은 구중궁궐에서 연회와 여색에 빠져 지내면서 정사는 모두 다 이임보에게 맡기니, 이임보는 황제의 좌우 측근들을 잘 구워삶아 황상의 뜻에 영합하여 총애를 튼튼히 하고 언로를 막고 황제의 총명을 가리고 덮었다.

또한 그의 간사함으로 현능한 인재들을 질투하여 반드시 그들을 배제하고 꺾어 자신의 지위를 굳건히 했으며 여러 차례 큰 옥사를 일으켜 귀한 신하들을 죽이고 내쫓아 그 세력을 확장하니 황태자 이하 모두가 그 옆에 서는 것도 두려워할 정도였다. 무려 19년 동안 재상으로 있으면서 천하의 어지러움을 키우고 완성했는데도 황상은 그것을 끝내 깨닫지 못했다.

이때 황상이란 당나라의 번영과 쇠망을 동시에 가져왔다는 평을 듣는, 양귀비와의 사랑의 주인공 현종(玄宗)이다.

• **제7유형** 신하를 누르고 싶어 하는 임금의 마음을 교묘하게 활용하는 중상모략이야말로 간신술의 최고라 하겠다. 먼저 사마천의《사기》를 보자.

굴원(屈原)은 이름이 평(平)으로, 초나라 왕실과 성이 같다. 그가 초나라 회왕(懷王)의 좌도(左徒)로 있을 때, 보고 들은 것이 많고 기억력이 뛰어났으며 치세와 난세의 일에 밝고 문체가 우아하고 탁월했다. 조정에 들어오면 임금과 더불어 국사를 도모하고 의논하여 밖으로 명령을 내렸으며, 나와서는 외교사절을 대접하고 제후들을 응대하니 왕이 그를 깊이 신임했다.

상관대부(上官大夫) 근상(靳尙)은 그와 서열이 같았는데 왕의 총애를 놓고 다투면서 마음속으로 굴원의 능력을 시기했다. 회왕이 굴원으로 하여금 나라의 법령을 만들도록 하니 굴원은 아직 초안을 완성하지 못하고 있었는데 상관대부가 그것을 보고서 빼앗으려 했다. 그러나 굴원이 내어주지 않자 회왕에게 굴원을 중상모략했다.

"왕께서 굴원으로 하여금 법령을 만들도록 하신 일은 모르는 사람이 없는데 매번 하나의 법령이 만들어질 때마다 굴원은 그 공을 자랑하며 '내가 아니면 누구도 할 수 없을 것이다'고 말한다고 합니다."

이때부터 왕은 화가 나서 굴원을 멀리했다.

초왕은 그리 아둔한 임금이 아니었다. 그럼에도 이런 고도의 중상모략에 넘어간 것이다. 진덕수의 평이다:

초나라 회왕이 굴원에 대해 했던 것을 보면 그의 현능함을 알고 있었고, 그에게 중요한 일을 맡기기도 했다. 그런데 단 한 번 상관대부 근상의 중상모략하는 말을 듣고서는 갑자기 화를 내고 굴원을 멀리했으니 이것은 무엇인가? 임금의 근심 중에 신하와 다투는 것만큼 큰 것이 없다. 바야흐로 회왕이 굴원에게 법령을 기초하도록 한 뜻은 분명 굴원의 손을 빌어 그것이 완성되고 나면 그것을 자신이 한 것으로 하려는 데 있었을 것이다.

상관대부 근상은 바로 이 점을 정확히 엿보았기에 왕에게 굴원을 중상모략하기를 굴원이 법령 기초 작업을 많은 사람들에게 자랑하면서 자신의 공인 것처럼 떠벌린다고 했던 것이다. 그리고 이런 모략은 정확하게 왕이 꺼려하는 바를 톡 건드렸으니 굴원이 내팽개침을 당한 것은 어쩌면 마땅하다고 하겠다.

대체로 간사한 자가 임금을 격노시키려 할 때는 반드시 먼저 임금의 뜻이 꺼려하는 바가 무엇인지를 정확히 엿본다. 굴원이 내팽개침을 당한 것도 상관대부 근상이 회왕이 꺼리는 바를 알아서 정확히 그것을 자극했기 때문이다.

3. 오직 세 치 혀로 천자의 권력을 마비시키다

권간은 권신이라고도 하고 병신(柄臣)이라고도 한다. '권병(權柄)'이란 말이 곧 권력을 쥔 칼자루를 의미하기 때문이다. 역사적으로 맘껏 권력을 휘두른 신하 중에 아마도 환관 출신인 조고를 따

라갈 사람은 없을 것이다. 오직 세 치 혀로 천자의 권력을 마비시
켰기 때문이다. 사마광의 《자치통감》이 전하는 권간 조고의 모습
부터 살펴보자.

진나라 2세가 황위에 오르자, 환관 조고를 낭중령(郎中令)으
로 삼아 늘 가까이에서 시중들게 하면서 일을 꾸몄다. 2세 황
제가 한가할 때 조고를 불러 말했다.
"사람이 이 세상을 살아간다는 것은 마치 말 여섯 필이 끄는
마차가 작은 틈새를 지나가는 것과 같다고 하겠다. 나는 눈과
귀가 좋아하는 것은 남김없이 다 하고 싶고, 마음속으로 즐기
고 싶은 바를 끝까지 하면서 내 수명을 다할까 하는데 가능한
일인가?"
조고가 말했다.
"이는 현능한 임금이라면 얼마든지 할 수 있는 일이지만, 혼
란한 임금에게는 금하는 것입니다. 무릇 사구(沙丘)의 모의를
여러 공자(公子, 왕자)들과 대신들이 다 의심하고 있는데, 여
러 공자들은 모두 폐하의 형님들이고 대신들도 돌아가신 황
제(진시황)께서 임명한 사람들입니다. 지금 폐하께서 즉위한
초창기이니 이것은 다 그들이 속으로 원망하며 불복하여 변
란을 일으킬까 걱정해서 느리는 말씀입니다. 폐하께서는 어
찌 그런 것으로 즐기려 하십니까?"

"그러면 어찌해야 하는가?"

"법을 엄하게 하고 형벌을 혹독하게 집행하여 죄 있는 사람은 서로 연좌케 하여 왕실 친족들을 주멸(誅滅)하여 골육을 멀리 하고, 가난한 사람들을 부유하게 만들고 천한 사람들을 귀하게 만드십시오. 또 돌아가신 황제의 옛 대신들을 남김없이 제거하시고, 폐하께서 친하다고 여기는 자들을 그 자리에 두십시오. 이렇게 하면 해로움이 제거되고 간사한 모의들이 차단될 것이니 폐하께서는 베개를 편안히 하고 뜻하신 바를 마음대로 할 수 있어 원하시는 바를 즐기실 수 있을 것입니다."

2세 황제는 그것이 옳다고 여기고 곧바로 다시 법률을 만들어 여러 신하들과 공자들이 죄를 얻게 되니, 그때마다 조고를 내려보내 국문하도록 하여 몽의(蒙毅) 등 선대부터의 대신들을 죽이고, 공자 12명을 함양의 저잣거리에서 욕보여 죽였으며 그들의 재물은 모두 현관(顯官, 황실을 뜻함)으로 들여보냈다.

법령으로 주살하고 처벌하는 일이 날로 더해가고 극심해지자 여러 신하들은 다들 스스로 위협을 느껴 그중에 반란을 꾀하려는 자가 많아졌고, 옛 초나라의 변경을 지키던 말단 장교인 진승(陳勝)과 오광(吳廣) 등이 안휘성[10]에서 난을 일으키자 여러 준걸들이

---

10. 사마천은 산동성이라고 했다.

제3장 | 권간(權奸)

더불어 일어나 후(侯)와 왕(王)을 자처하면서 진나라에 반란을 일으켰다.

이번에는 조고에게 위협을 느껴 더욱 아첨에 나서는 이사의 이야기다. 이사가 여러 차례 청하여 간언을 올리고 싶어 했으나 2세 황제는 불허하면서 도리어 이사를 꾸짖으며 물었다.

"어진 사람이 천하를 소유하게 되면 천하를 자신에게 맞도록 할 뿐이다. 나는 내 뜻을 넓혀서 오래토록 천하를 향유하고 아무런 해가 없기를 바라는데, 이를 위해서는 어찌하면 좋겠는가?"

이때 이사의 아들 이유(李由)는 삼천군(三川郡, 하남성 낙양시) 태수였는데, 여러 도적들(반란군)이 그 지역을 휩쓸고 지나갔음에도 제대로 방어하지 못했다. 그 후 이 일을 조사하기 위한 사자들이 계속 오가면서 이사도 문책을 했다.

"그대는 삼공의 지위에 있으면서 도적들이 이처럼 날뛰게 하다니 어찌된 것이요?"

이사는 작록을 중히 여겼기에 어찌해야 할지 몰라, 이에 2세 황제에게 아부하며 용납을 받을 요량으로 이렇게 글을 올려 답했다.

무릇 현능한 군주라면 반드시 능히 신하들을 감독하고 꾸짖는 방법을 행합니다. 감독하고 꾸짖게 되면 신하들은 감히 자신의 온갖 능력을 다하지 않고서는 그 임금을 따를 수가 없습니다. 신자(申子, 신불해)가 말하기를 "천하를 차지하고서도 자기 마음대로 할 수 없다면, 그것을 이름하여 말하기를 천하를 족쇄와 수갑으로 삼는 것이다"고 했습니다.

이것은 다름 아니라 신하를 제대로 감독하고 꾸짖지도 못하면서 천하의 백성들을 위해 자신의 몸만 힘들게 하여 마치 요임금이나 우왕처럼 한다면 이를 일러 질곡이라고 하는 것입니다. 모름지기 신불해나 한비자의 방법을 갈고닦아서 신하들을 감독하고 꾸짖는 도리를 행하여 천하를 자기 마음대로 부리지 못하고 부질없이 애를 써서 자신의 몸을 괴롭히고 정신을 피로하게 하여 몸소 백성들을 위하는 것은 보잘것없는 백성들(黔首·검수)[11]이나 할 일이지 천하를 기르고 다스리는 천자가 할 일은 아닙니다.

옛날 상군(商君)의 법에서는 길에 재(灰)를 버리는 사람도 처벌했습니다. 사실 재를 버리는 것은 가벼운 죄인데, 처벌을 받는 것은 무거운 벌이었습니다. 오직 밝은 군주만이 능히 가벼운 죄를 심하게 감독할 수 있습니다. 즉 죄가 가벼운데도 이처럼 감독하는 것이 심한데, 하물며 무거운 죄를 지으면 어찌 되겠습니까? 그리하여 백성들은 감히 법을 어기지 못하게 되

---

11. 관을 쓰지 않은 검은 머리라는 뜻. 벼슬하지 못한 일반 백성을 말한다.

는 것입니다.

또 검박하고 절의가 있으며 어질고 의로운 사람이 조정에 서게 되면 거침없고 방자한 즐거움은 그칠 수밖에 없고, 간언을 좋아하고 논리가 정연한 사람이 폐하의 곁에 있으면 방만한 뜻이 사라지게 되고, 열사가 죽음으로써 절개를 지킨 행실이 세상에 드러나게 되면 음란한 쾌락의 즐거움은 없어지게 됩니다.

고로 밝은 군주는 이 세 가지를 능히 밖으로 내쳐 멀리하고 오로지 군주로서 신하들을 다스리는 방법을 써서 맹목적으로 따르는 신하들을 제어합니다. 이리하여 천자의 몸은 존귀해지고 세력을 중하게 됩니다.

이 글이 올라가자 2세 황제는 기뻐했다. 이리하여 감독하고 꾸짖는 것은 더욱 엄격해졌고, 백성들에게 세금을 더 심하게 걷는 자가 좋은 관리로 간주되었다.

그 후 형벌을 받은 자가 길의 절반을 차지했고, 형벌로 죽은 사람들이 시장에 날로 쌓였으며 많은 사람을 죽인 자가 충신으로 간주되었다. 이에 2세 황제가 말했다.

"이같이 한다면 제대로 감독하고 꾸짖고 있다고 할 만도다."

그러나 이미 이사는 조고의 상대가 되지 못했다. 이사는 명색이 학문을 갖춘 자였다. 전국시대 말기 초나라 상채(上蔡) 사람으로, 처음에 군리(郡吏)가 되어 순자(荀子)에게 배웠다. 법가류(法家

流)의 정치가로, 진나라로 가서 승상 여불위(呂不韋)에게 발탁되어 사인(舍人)이 되었고 얼마 뒤 객경(客卿)에 올랐다.

이사는 진시황에게 간언해 축객령(逐客令)을 중지시키고 여섯 나라를 병합할 계책을 도모하기도 했다. 진시황 26년, 마침내 천하를 통일하자 정위(廷尉)를 거쳐 승상(丞相)에 올랐다. 이때 이사는 군현제(郡縣制)를 실시하고 《시(詩)》와 《서(書)》 등을 폐기하며 사학(私學)을 금하는 데 앞장섰다. 분서갱유의 실행자였던 것이다.

한편으로 그는 소전(小篆, 한자 서체의 하나)을 표준문자로 통일하고 《창힐편(倉頡篇)》을 지어 모범을 보였다. 시황제가 죽은 뒤 환관 조고와 공모, 조서를 고쳐 막내아들 호해를 2세 황제로 옹립하고 시황제의 맏아들 부소(扶蘇)와 장군 몽염(蒙恬)을 자살하게 만들었다. 이사는 여기서 그치지 않고 진나라 말 농민봉기가 일어나자 2세에게 다시 법률을 정할 것을 권하고 독책(督責)의 방법을 시행하면서 군권 통치를 강화했다.

그러나 두 사람의 동행은 여기까지였다. 얼마 뒤에 조고의 참소로 투옥되어 함양(咸陽) 시장터에서 허리가 잘리는 요참형(腰斬刑)에 처해졌고 삼족이 몰살당했다. 다음은 사마광이 전하는 조고의 이야기다.

조고는 반란을 꿈꾸었으나 여러 신하들이 자신의 말을 듣지 않을 것을 두려워하여 마침내 먼저 시험을 해보기로 하고 사슴을 끌고 가서 2세 황제에게 바치며, 이것은 말이라고 말했다.

2세 황제가 웃으면서 말했다.

"승상은 틀렸소. 사슴을 말이라고 하시오?"

좌우의 신하들에게 물었으나 어떤 사람은 아예 입을 다물었고, 어떤 사람은 말이라고 하면서 조고에게 아첨하여 순종했으며 어떤 사람은 사슴이라고 말했다. 조고는 그로 인해 사슴이라고 말했던 사람을 법에 따라 처리했다. 그러자 여러 신하들은 모두 조고를 무서워했다.

이제 조고의 최후를 보자. 조고는 예전에 자주 "관(關, 함곡관) 동쪽의 도적들은 아무것도 할 수 없을 것"이라고 말하곤 했는데, 항우가 진나라 장군 왕리(王離) 등을 포로로 잡고 장한(章邯) 등이 여러 차례 패퇴하자 진나라가 통일하기 전에 전국칠웅을 형성했던 나라들인 연(燕), 조(趙), 제(齊), 초(楚), 한(韓), 위(魏)가 모두 각자의 왕을 세우고, 관 동쪽에서는 대부분 진의 관리들이 배반하여 제후들에게 호응했다. 이에 제후들은 모두 자신의 무리들을 이끌고서 서쪽으로 향했다.

이때 패공(沛公, 유방)은 이미 무관(武關, 섬서성 상남현)을 공격해 도륙하고 있었는데, 조고는 2세 황제가 분노하여 주륙하는 것이 자신에게 미칠 것을 두려워하여 마침내 병을 사칭해 조정에 나아가지 않았다. 그러고는 자신의 사위인 염락(閻樂) 등을 시켜 병사를 이끌고 망이궁(望夷宮)으로 들어가게 한 다음에 그 자신도 들어가 말했다.

"산동의 도적떼가 크게 들이닥쳤습니다."

그러면서 조고는 2세 황제로 하여금 자살하도록 겁박했다. 그리고 황제의 옥새를 거두어 그것을 허리에 찼지만 좌우 백관들 중에서 따르는 사람이 아무도 없자 자영(子嬰)을 불러 즉위시켰다. 자영은 진시황의 손자로 부소의 아들이다. 그런데 막상 자영은 계략을 통해 조고를 죽이고 삼족을 멸했다.

자영이 즉위한 지 3개월 만에 패공 유방이 이끄는 군대가 무관에 들어오자 항복을 했고, 항우가 와서 그를 죽임으로써 진나라는 멸망하고 말았다. 조고는 권간임과 동시에 망국지신(亡國之臣)이라 할 것이다.

4. 고려의 몰락을 재촉한 희대의 간신

《주역》 명이(明夷)괘(▤▤)의 밑에서 네 번째 음효(陰爻)에 대해 공자는 "왼쪽 배로 들어간 것은 마음과 뜻을 얻었기 때문이다"라고 풀었다. 이것도 주공(周公)의 효사(爻辭)부터 검토해야 한다.

入于左腹 獲明夷之心, 于出門庭(입우좌복 획명이지심 우출문정)

왼쪽 배로 들어가 밝은 빛을 손상당한 마음을 얻어서 문 안의 뜰에 나오는 것이다.

육사의 처지를 보면 음암의 자질로 음위에 있으니 자리가 바르다.《주역》에서 육은 음효를, 구는 양효를 말한다. 그리고 여섯 개의 효는 아래에서부터 양, 음, 양, 음, 양, 음이 된다. 또 맨 아래에서부터 지위 낮은 신하, 중간급 신하, 대신, 재상, 군주, 상왕의 자리가 된다.

육사의 경우 육오의 임금과 가까이 있어 같은 음암의 자질을 공유하니 임금과 재상이 사사로운 마음으로 깊게 교결한 것이다. 둘 다 음효이니 강양(剛陽)한 자질이 아니라 음암(陰暗)한 자질을 가진 것이다. 그래서 공자는 "왼쪽 배로 들어간 것은 마음과 뜻을 얻었기 때문"이라고 한 것이다.

그런데 왼쪽 배로 들어갔다는 말은 바른 도리가 아니라 그릇된 도리를 썼다는 것으로, 그렇게 해서 혼암(昏暗)한 군주의 마음을 완전히 빼앗았다는 말이다. 즉 도리로 임금을 섬기는 것이 아니라 아첨으로 임금의 마음을 호렸다는 뜻이다.

"문 안의 뜰에 나오는 것이다"라는 것에 대해 송나라 때 도학의 대표자인 정이천(程伊川)은 "혼암한 군주를 섬길 때 반드시 먼

저 그 마음을 고혹시킨 다음에 밖에서 일을 행한다"고 풀었다. 정
사를 자기 마음대로 한다는 말이다.

고려사에서 이인임(李仁任, ?~1388년)이 바로 여기에 해당한
다. 이인임은 처음에 문음(門蔭)으로 전객시승(典客寺丞)이 된 후
전법총랑(典法摠郎)을 거쳐 공민왕 7년(1358년)에는 좌부승선(左
副承宣)이 되었다. 이듬해 홍건적이 침입해 의주를 함락시키자 서
경존무사(西京存撫使)에 임명되어 홍건적에 대비했고, 1361년의
재차 침입에도 크게 활약했다.

1363년에는 원나라가 충선왕의 셋째 아들인 덕흥군(德興君)을
왕으로 삼아 고려에 들이려 하자 서북면도순문사 겸 평양윤이 되
어 덕흥군 일파의 침략을 물리친 출정군에 식량을 조달하는 일을
담당했다.

이어 삼사우사(三司右使), 도첨의찬성사(都僉議贊成事), 좌시중
(左侍中)을 지내다 공민왕 23년(1374년)에 잠시 면직되었다가 수
문하시중(守門下侍中)에 임명되었고 광평부원군(廣平府院君)에 책
봉되었다. 그 뒤 공민왕이 피살되어 명덕태후(明德太后)와 시중
경복흥(慶復興)이 종친을 새로운 왕으로 세우려 하자 자신의 일파
와 모의하여 나이 10세의 어린 우왕을 즉위시켰다.

한편 당시 고려에 와 있던 명나라 사신 채빈(蔡斌)이 공민왕 피살사건을 본국에 보고하면 책임이 재상인 자신에게 돌아올까 염려한 이인임은, 일을 마치고 돌아가는 채빈을 호송관 김의(金義)로 하여금 살해토록 하고, 그동안 배척당했던 원나라와 가깝게 지내려고 했다.

이에 삼사좌윤(三司左尹) 김구용(金九容), 전리총랑(典理摠郎) 이숭인(李崇仁), 전의부령(典儀副令) 정도전(鄭道傳), 삼사판관(三司判官) 권근(權近)이 조정의 친원 외교정책을 비판하고, 우헌납 이첨(李詹)이 이인임과 찬성사 지윤의 죄목을 열거하며 이들의 목을 벨 것을 상소했다.

그러자 이인임은 최영(崔瑩), 지윤 등과 합심하여 이첨, 전백영을 사기죄로 몰아 유배시키고 김구용, 이숭인, 정몽주(鄭夢周) 임효선(林孝先), 정사도(鄭思道), 박형(朴形), 이성림(李成林) 역시 자신을 해치려 한다며 모두 유배시켰다.

이인임은 이렇게 반대 세력을 대거 제거한 후에 지윤, 임견미(林堅味), 염흥방(廉興邦)과 함께 권력을 휘두르며 관직과 옥(獄)을 팔고 전국에 걸쳐 토지와 노비를 축적하는 등 탐학을 일삼았다. 이어 이인임은 영문하부사(領門下府事) 영삼사사(領三司事)를 지냈고, 1386년(우왕 12년)에는 다시 좌시중이 되었다가 이듬해 노환으로 사직했다.

1388년 염흥방의 가노 이광(李光)이 주인의 권세를 배경으로 전직 밀직부사 조반(趙胖)의 토지를 빼앗자, 이에 격분한 조반이 이광을 죽였다. 이에 염흥방이 조반을 국가모반죄로 몰아 순군(巡軍)에 가두고 심하게 고문한 사건이 발생했다. 이를 계기로 그동안 기회를 엿보던 우왕, 최영, 이성계 등이 오히려 염흥방, 임견미, 왕복해(王福海) 등을 처단하고 그 일파를 유배시켰는데, 이때 이인임도 경산부로 옮겨졌다가 곧 죽었다.

5. 임금의 인척이 되어 마음대로 권력을 휘두르다

조선의 대표적 권간 김안로(金安老, 1481년~1537년)는 중종 1년 (1506년)에 문과에 장원으로 급제했다. 전적(典籍)에 처음 임명된 뒤 수찬(修撰), 정언(正言) 등 청환직(淸宦職)[12]을 두루 역임했다.

1511년 유운(柳雲), 이항(李沆) 등과 함께 사가독서(賜暇讀書)했고 직제학(直提學), 부제학, 대사간 등을 거쳤으며 일시 경주부윤으로 나갔다가 1519년 기묘사화로 조광조(趙光祖) 일파가 몰락한 뒤에 발탁되어 이조판서에 올랐다.

이때까지만 해도 김안로는 엘리트 관료의 모습을 보였다. 그러나 아들 김희(金禧)가 효혜공주(孝惠公主)와 혼인해 중종의 부마

---

12. 학식과 문벌이 높은 사람에게 내리는 관직이다.

가 되자 이를 계기로 권력을 남용하다가 1524년 영의정 남곤(南袞), 심정(沈貞), 대사간 이항 등의 탄핵을 받고 경기도 풍덕(豊德)에 유배되었다.

남곤이 죽자, 1530년에는 유배 중이면서도 대사헌 김근사(金謹思)와 대사간 권예(權輗)를 움직여 심정의 탄핵에 성공하고 이듬해 유배에서 풀려나 다시 서용되어 도총관(都摠管), 예조판서, 대제학을 역임했고, 그 뒤 이조판서를 거쳐 1534년 우의정이 되었으며, 이듬해 좌의정에 올랐다.

1531년 다시 임용된 이후부터 동궁(東宮, 인종)의 보호를 구실로 실권을 장악하여 허항(許沆), 채무택(蔡無擇), 황사우(黃士佑) 등과 함께 정적이나 뜻에 맞지 않는 자를 축출하는 옥사(獄事)를 여러 차례 일으켰다. 정광필(鄭光弼), 이언적(李彦迪), 나세찬(羅世纘), 이행(李荇), 최명창(崔命昌), 박소(朴紹) 등 많은 인물들이 이들에 의해 유배 또는 사사되었으며 경빈 박씨(敬嬪 朴氏)와 복성군(福城君) 이미(李嵋) 같은 종친도 죽임을 당했다.

또한 왕실의 외척인 윤원로(尹元老), 윤원형(尹元衡)도 실각당했다. 1537년 중종의 제2계비인 문정왕후(文定王后)의 폐위를 기도하다가 발각되어 중종의 밀령을 받은 윤안인(尹安仁)과 대사헌 양연(梁淵)에 의해 체포되어 유배되었다가 곧이어 사사되었다.

중종의 신임을 잃은 결과였다.

당시 명재상으로 꼽혔던 정광필은 국량(局量)이 크고 바른 재상이었다. 그럼에도 그의 정치적 위기는 당대의 권간 김안로와의 충돌에서 찾아왔다. 처음에 김안로가 아직 현달하지 않았을 때 정광필이 그를 '간사한 사람'으로 지목한 바 있었다.

그 뒤 김안로가 임금과 인척이 되자 내전 세력에 의지하여 호곶(壺串)의 목장을 차지해 전답을 만들려고 했다. 이에 정광필이 태복시 제조(太僕寺 提調)로 재임하면서 법을 끌어대어 허락하지 않자 임금의 명령이라고 일컬으면서 반드시 그곳을 얻으려고 했다.

그러나 정광필이 굳게 거부하고 따르지 않자 김안로가 크게 앙심을 품었다. 김안로가 폄척(貶斥)되어 지방에 내려가 있을 적에 그를 방환(放還)하려는 자가 있었는데, 정광필이 자주 그 일을 중지시킨 일도 있었다.

이윽고 김안로가 권력을 쥐게 되자 사사로운 원한을 복수하고자 꾀하여 조정에 화근을 빚어냈는데, 그가 재상인 이행(李荇)에게 말하기를 "김안로는 결코 착한 사람이 될 수 없다고 하니 이로 말미암아 원한을 쌓아 온갖 방법으로 나를 함정에 빠뜨렸다"고 아뢰었다. 결국 정광필은 영의정에서 물러나 중추부 영사가 되었다. 실권이 완전히 사라진 것이다.

그리고 1537년에는 김안로의 계략에 의해 유배를 떠나야 했다. 다행히 6개월 만에 김안로 세력이 패망하는 바람에 한양으로 돌아와 다시 중추부 영사를 맡았는데, 그가 한양으로 돌아올 때의 모습과 더불어 그가 세상을 떠난 사실을 신도비(神道碑)[13]는 이렇게 묘사하고 있다.

유배된 지 여섯 달 만에 김안로, 허항, 채무택 등 삼흉(三兇)이 제거되자, 곧장 사환(賜環)하여 영중추부사에 제수하고서 영경연(領經筵)을 겸임하도록 하였다.
서울로 들어오던 날에 도성 사람들이 발돋움하여 구경하느라 저잣거리가 텅 비었으니, 마치 사마광이 낙양에서 궁궐로 나아오던 때에 조야(朝野)가 목을 빼고서 그가 재상으로 복직하는 것을 바라보던 것과 같았다. 그러나 갑자기 질병에 걸려 일어나지 못하였다. 중종 33년(1538년), 무술년(戊戌年) 12월 갑신일(甲申日)로 춘추는 77세였다.

---

13. 죽은 사람의 평생사적을 기록하여 무덤 앞에 세운 비석이다.

제4장

※

영신
佞臣

임금의 눈과 귀를
멀게 하는 간신들

1. 교묘한 말과 좋은 낯빛으로

범조우(范祖禹, 1041년~1098년)는 북송 때 사람으로 인종(仁宗) 가우(嘉祐) 8년(1063년)에 진사(進士)가 되었다. 사마광 밑에서 《자치통감》을 편수했고, 책이 완성되자 비서성정자(秘書省正字)가 되었다. 철종(哲宗)이 즉위하자 저작좌랑(著作佐郎)이 되어《신종실록(神宗實錄)》 편찬의 검토관을 맡았고 급사중(給事中)과 한림학사(翰林學士)를 역임했다.

그 뒤 철종이 친정을 하자 섬주지주(陝州知州)로 나갔다. 하지만 소성(紹聖) 초에 그가 지은 《실록》이 신종을 비난하고 사마광이 신법(新法)을 변경한 사실을 두둔했다는 여론이 일자 무안군절도부사(武安軍節度副使)로 폄적(貶謫)되어 소주별가(昭州別駕)를 거쳐 영주(永州)로 유배를 갔다.

젊어서 정호와 정이를 사사했으며 사마광의 학문을 추종한 범조우는 《중용》을 중시해 충서(忠恕)를 강조했으며, 노장학(老莊學)은 충서의 도리에 위배된다 하여 배척했다. 저서에 《논어설(論語說)》과 《당감(唐鑑)》이 있는데 이정(二程, 정호와 정이)의 설을 수용한 것이 많다.

《당감》은 당나라 고조에서 소선제(昭宣帝)까지 300년 동안의 정치적 득실을 논한 책으로, 《당감》〈태종〉편에서는 아첨하는 신하를 뜻하는 유신(諛臣)의 위험성을 다음과 같이 지적하고 있다.

위대한 우왕(禹王)이 말하기를 "교묘한 말과 좋은 낯빛을 꾸미는 간사한 아첨꾼을 어찌 두려워하겠는가"라고 했고, 공자는 말하기를 "아첨꾼은 위태롭다"고 했다. 아첨을 하는 자는 아첨하는 말로 윗사람을 기쁘게 하여 고분고분 따를 뿐인데, 그런 자를 가까이하면 위태로움에 이르게 되는 것은 어째서인가? 그런 아첨꾼들은 의리가 어디에 있는 것인지는 알지 못하고 오직 이익만을 따르기 때문이다.

이익이 임금과 아버지에게 있으면 임금과 아버지를 따르다가도 이익이 권신에게 있으면 권신에게 가서 붙고, 이익이 적국에 있으면 적국과 내통하고, 이익이 오랑캐에게 있으면 오랑캐와 친해진다. 그래서 이익이 있으면 따르고 이익이 사라지면 떠나니 임금과 아버지에게라도 다를 바가 없다.

충직한 신하는 그렇지 않다. 의리를 따르지 임금이라 해서 따르지 않고, 도리를 따르지 아버지라 해서 따르지 않는다. 그래서 임금으로 하여금 의롭지 못한데 빠지지 않게 하고, 아버지로 하여금 도리가 아닌데 들어가지 못하게 하는 것이다.

그래서 의리가 아니고 도리가 아니면 임금과 아버지의 명이라도 따르지 않는 경우가 있지만, 그렇게 함으로써 장차 임금과 아버지를 편안케 하는 것이다. 이처럼 임금이 의롭지 못할 때는 따르지 않는데 하물며 권신이야 더 할 말이 있겠는가? 아버지가 의롭지 못할 때는 따르지 않는데 하물며 다른 사람들이야 무슨 더 할 말이 있겠는가?

옛날에 아첨꾼들은 그 처음에는 교묘한 말과 좋은 낯빛을 꾸미지 않는 바가 없어서 반드시 패역(悖逆)하는 마음을 품는 것은 아니지만, 자신의 지위나 권력을 잃게 될 것을 두려워하면 하지 못하는 짓이 없었으니 결국은 임금을 시해하고 나라를 망하게 하는 것이 다 처음에 아첨하는 말로 윗사람을 기쁘게 하여 고분고분 따르는 것에서 비롯되었다.

범조우의 이 같은 말은, 실은 공자가 《논어》 〈양화〉편에서 했던 다음과 같은 말을 풀어낸 것이다.

비루한 사람과 함께 임금을 섬기는 것이 과연 가능할 수 있을

것인가? 얻기 전엔 그것을 얻어보려고 걱정하고, 이미 얻고
나서는 그것을 잃을까 걱정한다. 정말로 잃을 것을 걱정할 경
우 그것을 잃지 않기 위해 못하는 짓이 없을 것이다.

2. 영합은 잦고 거스름은 드물다

여기에는 진나라 2세 황제 호해처럼 처음부터 혼암한 군주는 아
예 포함되지 않는다. 오히려 상당히 뛰어나거나 영명한 자질을
가진 임금들 중에서 결국은 교언영색을 하는 간신에게 넘어간 군
주들이 그 대상이다. 반고의 《한서》에는 원제가 간신에게 넘어가
게 된 과정을 이렇게 전한다.

> 한나라 중서령(中書令) 홍공과 복야(僕射) 석현[14]은 선제 때부
> 터 오랫동안 추기(樞機)[15]를 맡아왔고, 두 사람 다 문법(文法)[16]
> 을 훤하게 익혔다.
> 원제는 즉위 초에 병치레를 자주 했다. 석현이 오랫동안 일을

---

14. 두 사람 모두 환관으로, 중서령과 복야는 한나라 때 환관의 벼슬이다.
15. 추(樞)는 집 안의 문지도리이고, 기(機)는 석궁의 송곳고리로 둘 다 어떤 물
    건의 핵심적인 부분이다. 따라서 이는 정사(政事)의 기밀업무를 비유한 것
    이다.
16. 문서로 된 각종 법률조문을 뜻한다.

관장했고, 중인(中人, 대궐 내의 환관)이어서 밖으로 추종하는
무리를 만들지 않고 오직 일에만 전념해 신임을 받을 수 있었
는데 원제의 잦은 병치레로 인해 마침내 정사를 맡게 되니
크고 작은 일을 가리지 않고 석현이 도맡아서 상주하고 결정
하여 귀한 총애를 받게 되었다. 이로써 조정이 그에게로 기울
었고, 모든 관리들이 다 석현을 섬겼다.

석현은 그 사람됨이 재주가 많고 머리가 좋아 일을 익혀서 임
금의 작은 뜻까지도 능히 깊이 알아차렸지만, 속으로는 도적
과도 같은 생각을 깊이 하면서 궤변으로 다른 사람들을 중상
모략하고 자신을 고깝게 본 사람들에게는 반드시 원한을 품
어 번번이 법으로 보복을 가했다.

원제는 유학에 조예가 깊고 처음에는 반듯한 임금이었음에도
결국은 홍공과 석현이 열심히 일하는 모습을 보고서 신임하기 시
작해서 결국은 조정이 엉망이 되고 말았다. 진덕수는《대학연의》
에서 이렇게 평했다.

예로부터 소인이 장차 권세와 은총을 훔치려 할 때는 그에 앞
서 반드시 주군의 뜻을 잘 엿보아 그에 영합합니다. 대개 임
금들이 좋아하는 것과 싫어하는 것은 일정치 않고 기뻐하는
것과 화를 내는 것도 예측할 수 없기 때문에 반드시 숨어서

살펴보고 은밀하게 재어 그 숨은 뜻을 잡아내지 않으면 임금의 얼굴을 기쁘게 하여 아첨을 할 수 있는 단서를 잡아낼 수가 없습니다.

전국시대 때 설공(薛公)이 제나라 왕을 섬겼는데, 왕에게는 아끼는 후궁 7명이 있었습니다. 왕후가 죽자 설공은 그중에 누구를 왕후로 세울지 몰랐기에 7개의 귀고리를 바쳤는데, 그중 하나는 특히 아름다웠습니다. 다음 날 보니 실제로 그 아름다운 귀고리를 한 후궁이 눈에 띄자 설공은 그 사람으로 하여금 부인으로 삼아야 한다고 청했고, 왕도 그에 따랐습니다.

신불해(申不害)는 한(韓)나라 소후(昭侯) 대의 재상이었습니다. 소후는 뭔가를 도모하고 있었는데, 신불해는 소후가 하고자 하는 바가 무엇인지를 정확히 알 수 없었습니다. 그래서 먼저 동렬에 있던 두 사람으로 하여금 각각 그들의 계략을 올리도록 한 다음 소후가 어느 대목에서 기뻐하는지를 은미하게 살핀 다음에 자신의 계략을 말하자 소후는 크게 기뻐했습니다.

간신들이 임금을 섬길 때 영합하는 일은 잦은 데 비해 거스르는 일이 드문 것은 그들이 임금의 뜻이 어디에 있는지를 살피는 데 능한 때문입니다. 석현이 한나라 원제에게서 특별한 신임을 받은 것도 대개 이런 술책을 썼기 때문입니다.

3. 입에는 꿀을 바르고 뱃속에는 칼을 품고

처음에는 영명했다가 뒤에 간신의 농간에 놀아난 대표적인 중국의 황제는 당나라 현종이다. 《신당서》에 실려 있는 이야기이다.

이임보는 임금의 뜻을 잘 알아냈다. 이때 황제의 춘추가 높아 들고 결단하는 것이 점점 게을러졌고, 스스로 몸가짐을 바로 하는 데 염증을 느꼈으며 대신들을 접견하는 것을 부담스러워하다 이임보를 얻자 그에게 모든 것을 의심 없이 맡겼다.

이임보는 임금의 욕심을 길러내는 데 능해서 이로부터 깊은 궁궐에서 연회나 즐기며 미인들과 잠자리를 하느라 임금다움은 시들어갔다. 이임보는 매번 청을 올릴 때마다 먼저 좌우를 물리치게 하고서 임금의 아주 작은 뜻까지 살폈으며 궁궐 내 요리사나 몸종들에게까지도 은혜와 신임을 베풀어 천자의 동정을 반드시 소상하게 알아낼 수 있었다.

이임보(李林甫, ?~752년)는 현종 때 국자사업(國子司業)을 거쳐 어사중승(御史中丞)에 올랐고, 형부(刑部)와 이부(吏部)의 시랑을 역임했으며 예부상서와 동중서문하삼품(同中書門下三品)을 지냈다. 사람 됨됨이가 겉과 속이 달라 친한 듯이 보이지만 갖은 음모와 중상모략을 일삼아 입에는 꿀을 바르고 뱃속에는 칼을 품는다는 뜻의 '구밀복검(口蜜腹劍)'이라 불렀다.

그는 교활하고 권술(權術)에 능했다. 환관이나 비빈들과 친해 황제의 동정을 일일이 살피고 주대(奏對)에 응해 유능하다는 평을 들었다. 조정에 있던 19년 동안 권력을 장악해서 멋대로 정책을 시행해 사람들이 눈을 흘기며 꺼렸다. 만년에는 성기(聲妓, 노래 부르는 기생)에 빠져 희시(姬侍, 첩)가 방마다 가득했다. 죽은 뒤 태위(太尉)와 양주대도독(揚州大都督)에 추증되었다. 진덕수는 이렇게 평했다.

이임보가 황상의 뜻을 잘 알아낸 것은 석현이 임금의 작은 뜻까지 능히 알아낸 것과 같고, 임금의 욕심을 잘 길러낸 것은 조고가 진나라 2세 황제로 하여금 자기 마음대로 음란한 즐거움에 빠지도록 권한 것과 같습니다. 또한 좌우를 물리치게 한 것은 곧 한착이 안으로 궁궐 내 여인들에게 알랑거리고, 왕망이 내시와 궁녀를 잘 섬긴 것과 같습니다.

옛날의 간신들이 이처럼 하나씩만 갖고 있던 재주를 이임보는 한꺼번에 다 겸했으니 이임보는 석현과 조고와 한착과 왕망을 한 사람으로 만들어 놓은 것과 같습니다. 당나라 왕실은 이로 말미암아 거의 망할 뻔했습니다.

그 시초를 거슬러 올라가서 미루어 헤아려보건대 그 이유는 명황제의 마음이 먼저 흐려진 때문이고, 그래서 이임보가 파고들 수 있는 여지가 생긴 것입니다.

임금이 진실로 능히 자신을 버리고 사심을 없이 하여 늘 고요한 마음과 적은 욕심으로 안팎의 대비를 엄중히 하고 사사로운 청탁이나 민원을 단호히 차단한다면 제아무리 간신들이 설친다 하더라도 어찌 그 간사함을 실행에 옮길 수 있겠습니까?《예기》에서는 이렇게 말했습니다.

王中心無爲以守至正(왕중심무위이수지정)
왕이 도리에 적중하니 마음에 억지로 작위하는 바가 없어 지극히 바른 도리를 지킬 수 있다.

이 말은 곧 하나의 바른 도리만 잘 지켜도 수많은 사람들을 제어할 수 있다는 것이니 이것은 임금이라면 반드시 마음으로 다잡는 바를 지키는 좋은 방도라고 하겠습니다.

4. 환관의 시대를 활짝 연 고려 임금

인종 24년이자 의종(毅宗) 원년(1146년) 2월에 인종의 장남인 태자가 임금의 자리에 올랐을 때 그의 나이는 20세였다. 즉위 당시 스무 살 전후의 나이는 향후 선정을 펼치기에 좋은 나이인가 하면 쾌락에 빠져 학정으로 굴러 떨어지기에도 좋은 나이라고 할 수 있다. 조선 왕실의 경우를 보자면 세종대왕이 즉위했을 때가 스무 살이고, 연산군이 즉위했을 때가 열아홉 살이었다.

인종을 이은 스무 살의 신왕(新王)은 어떤 길을 갈 것인가? 결론부터 말하면 그는 처음부터 끝까지 훗날 연산군이 따라 걷게 될 길을 먼저 걸어갔다고 할 수 있다.

의종은 재위 첫해부터 격구(擊毬)를 하거나 관람하는 데 빠져 들었다. 어느 날 대간이 글을 올려 국정에 관한 여러 의견을 개진 하던 중 격구의 문제를 제기했다. 아마도 격구를 당장 중단할 것을 촉구한 것으로 보인다. 한동안 대답을 주지 않자 대간들이 그 냥 각자 집으로 가버렸다.

그때서야 의종은 마지못해 구장(毬杖, 격구 때 사용하는 채) 각 여 섯 개와 말안장 두 벌을 어사대에 건네주었다. 자신이 앞으로는 더 이상 격구를 하지 않겠다는 의지의 표시였다. 그리고 수창궁 후원으로 통하는 북문도 봉쇄하는 조치를 취했다. 이 문을 통해 격구장으로 갈 수 있었고, 동시에 이 문을 통해 의종을 그릇된 길 로 인도하려는 소인배 무리들이 드나들었기 때문이다.

그러나 바로 그날 의종은 다시 측근들을 데리고 후원으로 가서 "앞으로는 나의 격구 기술도 더 이상 자랑할 수 없게 되었도다!" 라고 말한 후 다시 구장을 가져오라고 명하고서 격구를 즐겼다. 그의 격구 실력에 대한 《고려사》의 평이다.

"아무도 왕의 적수가 될 만한 사람이 없었다."

《고려사》〈열전〉에는 '환자(宦者, 환관)'편이 있는데, 그 첫 번째
인물이 의종 때 권력을 휘두른 환관 정함(鄭誠)이다. 태조 때부터
인종 때까지도 환관은 있었지만, 의종 때에 와서 처음으로 환관
들이 정치의 전면에 나서게 되었기 때문이다.

조선에 오면 환관과 내시를 같은 뜻에서 사용했지만 고려 때는
환관과 내시는 전혀 달랐다. 내시는 신진 엘리트 중에서 임금의
가까이에서 보좌역을 맡는 직함이었다.

반면에 고려의 환관은 일반 서민이 아니면 천예(賤隸)의 후손
에 속했다. 고려는 거세하는 형벌을 쓰지 않았으므로 어렸을 때
개에게 물린 자가 모두 환관이 되었다. 그러나 그들은 내궁이나
내궁의 옥(獄)에서 직임을 가졌을 뿐이고 조정 관리로는 나설 수
없었다.

그런데 의종 때 정함과 백선연(白善淵)이 처음으로 권력을 잡
았다. 그 후 몽골의 지배기로 접어들면서 환관들이 득세하게 된
다. 먼저 정함에 대해 보자. 정함은 노예 출신으로 의종이 태자로
있을 때부터 시중을 들었고, 의종의 유모를 자신의 처로 삼았기
에 의종이 왕위에 오르자마자 막강한 총애를 받으며 정치에 깊숙
이 관여했다.

정함은 무엇보다 모략과 참소의 귀재였다. 의종 재위 5년 윤4

월의 일이다. 의종은 태자로 있을 때 강릉공 김온(金溫)의 딸을 비로 맞아들였다. 그리고 자신이 왕위에 오르자 김씨를 흥덕(興德) 궁주로 책봉하고 내전에서 연회를 베풀었다.

이때 우간의(右諫議) 왕식(王軾)이 정함이 허리에 서대(犀帶)를 차고 있는 것을 보았다. 서대는 1품 이상의 고위직만이 할 수 있는 무소뿔로 장식한 허리띠였다. 왕식이 대간의 부하직원 이빈에게 호통을 쳤고, 이빈은 당장 달려가서 정함의 허리띠에 있는 서대를 빼앗아 왔다.

이에 정함은 의종에게 달려가 이 같은 사실을 고했고, 의종은 즉각 연회를 파한 다음 자신의 서대를 정함에게 건네주고 이빈을 잡아들이도록 했다. 결국 이빈이 빼앗은 서대도 돌려줘야 했다. 집권 초기부터 정함에 대한 의종의 그릇된 총애가 어느 정도였는지를 단적으로 보여주는 일화라고 할 수 있다.

사정이 이렇다 보니 정함만이 아니라 각종 측근들이 의종을 향한 충성 경쟁을 벌였다. 의종 11년 3월과 4월의 기록은 당시 의종 주변의 풍조를 적나라하게 보여준다.

예빈경 이중제의 처 이씨는 상서 벼슬에 있는 이복림의 딸로 성질이 고약했다. 하루는 이씨가 자신의 종에게 신하로서는 입에 담지 못할 말을 한 적이 있는데, 그 종의 처가 평소부터 이씨에게 앙심을 품고 있던 터라 환관을 통해 그 이야기를 임금에게 일러바쳤다. 임금은 이 말을 듣고 성을 내며 당장 이씨를 잡아오게 했으며 가족 전부를 귀양 보냈다. 이때부터 사람들이 남을 서로 참소하게 되고, 임금은 수시로 신하들을 의심하게 되었다(3월 어느 날).

측근자들은 왕의 비위를 맞추기 위해 민간에 진귀한 물건이 보이기만 하면 왕명이라는 핑계로 거리의 원근을 가리지 않고 이를 탈취하여 저마다 실어 들였는데, 그런 짐짝이 길에 잇대어 있었다. 백성들은 이것을 몹시 괴롭게 여겼다(4월의 어느 날).

의종 12년(1158년) 6월에는 보다 심각한 일이 발생한다. 이때 의종은 그간의 관례를 깨고 정함을 임시적으로나마 합문지후(閣門祗侯, 정7품 문관직)로 임명하려고 했다. 그러나 대간들이 서명을 거부했다. 대간들이 버티면 의종도 어쩔 수 없었다. 아직은 선비들의 기개가 남아 있었다.

끝내 합문지후에 오르지 못한 정함은 역공에 나선다. 자신의 임명을 반대한 대간들과 이빈 등이 인종의 둘째 아들 대녕후(大寧侯) 경(暻)을 임금으로 추대하려 했다고 무고한 것이다. 워낙 근거가 없기 때문에 정함이 오히려 한동안 대궐에서 쫓겨나야 했으나 의종은 3개월 후 정함을 다시 불러들인다.

그러다 결국 정함은 합문지후에 오른다. 마침내 환관이 양반의 대열에 오른 것이다. 이때부터 그는 관노 왕광취와 백자단이라는 무뢰배를 거느리고 못하는 일이 없으니 재상이나 대간들마저 입을 다물어버렸다. 그래서 사람들은 "국권이 고자한테 있구나!"라며 탄식을 금하지 못했다고 한다.

정함이 권력 지향의 환관이었다면, 백선연은 부패 타락형 환관이었다. 원래 남경(南京)의 관노였던 그는 남경을 방문한 의종의 눈에 들어 개경으로 왔다. 백선연은 관비 출신의 궁녀 무비(無比)와도 '더러운 소문'이 많았으며 왕의 침전을 무시로 드나들며 온갖 횡포와 비리를 저질렀다. 그는 의종이 주로 예성강에서 뱃놀이를 하며 황음을 일삼도록 부추긴 장본인이었다.

조선의 폭군 연산군에게 장녹수가 있었다면, 고려의 폭군 의종에게는 무비가 있었다. 그러나 엄밀하게 말해서 장녹수는 무비의 상대가 될 수 없다. 장녹수는 한때의 노리개였다면 노비 출신의 무비는 사실상 국모의 자리에 올라 오랫동안 나라를 쥐락펴락했기 때문이다.

그에 앞서 의종의 혼인관계를 먼저 살펴볼 필요가 있다. 의종에게는 장경왕후 김씨와 참지정사 최단(崔端)의 딸 장선왕후 최씨 두 명의 부인이 있었다. 왕위에 오르기 전 김씨와 결혼했지만 한동안 아들이 없었다. 그래서 의종 원년(1147년) 5월에 영통사에 가서 아들을 점지해달라며 빌고 50일 동안 화엄경을 강의했다.

이듬해 8월에는 장선왕후 최씨를 맞아들였으나 끝내 자식을 낳지 못했다. 장경왕후 김씨가 마침내 아들을 낳은 것은 의종 3년(1149년) 8월이었다. 의종은 아들을 갈구하고 있었지만 두 왕후 모두 더 이상 아들을 생산하지 못했고, 김씨는 딸을 셋 더 낳았다. 이런 허점을 파고든 것이 남경의 노비 출신 무비였다. 야사에는 그와 비교할 미모가 없었기 때문에 그렇게 불렀다고 하는데, 그것은 믿거나 말거나이다.

공식 기록에는 남경의 관노 출신 환관 백선연이 같은 남경의 관비였던 무비를 발굴하여 의종에게 상납한 것으로 되어 있다. 따라서 백선연이 이미 알고 지내던 절세미인 무비를 개경으로 데려와 소개했을 수도 있고, 의종이 남경을 찾았을 때 밀어 넣었을 수도 있다.

그런데 백선연이 남경에서 의종을 처음 만난 점을 고려한다면 비슷한 시기에 무비도 의종의 곁으로 나아갈 수 있었던 것으로 볼 수 있다. 의종과 무비가 만난 시기가 집권 초반일 수밖에 없음을 보여주는 기록이 있다. 윤관의 손자 윤언이의 행적을 전하면서, 《고려사》는 이렇게 적고 있다.

윤인첨은 의종 때 과거에 급제하고 벼슬이 여러 차례 올라 시어사가 되었는데, 그의 발언이 권세가들의 뜻에 거슬려 좌천되었다가 간(諫)하는 역할을 맡은 기거주(起居注)가 되었다. 당시 궁녀 무비가 왕의 총애를 받아 3남 9녀를 낳았다.

최광균이라는 무비의 사위가 장모 덕에 8품 벼슬에 뛰어올라 임명되고 식목록사를 겸임하게 되니 사대부들이 모두 이를 갈며 분개했고, 간관들은 최광균의 임명장에 서명하는 것을 거부했으므로 왕이 윤인첨을 비롯해 여러 간원들을 불러 서명을 독촉하니 간원들이 모두 두렵고 위축되어 네네 하고 따랐다.

이것만으로도 무비가 의종으로부터 어느 정도의 사랑을 받았을지 쉽게 짐작이 가고도 남는다. 그러다 의종 24년(1170년) 8월 어느 날, 수도 개경에 피바람이 불었다. 오랫동안 누적되어 온 무인들의 분노가 마침내 폭발한 것이다.

화근은 재위 24년을 맞고 있던 의종의 황음과 측근 문신 및 환관들의 무신에 대한 노골적인 무시 때문이었다. 무장들의 분위기가 심상치 않다고 느낀 의종은 수박희(手搏戲, 무술 대련)를 열어 후한 상을 내림으로써 그들을 위로하려고 했다.

그러나 사단은 엉뚱한 데서 터졌다. 대장군 이소응(李紹膺)이 수박희 도중 힘에 밀려 달아나자 의종의 총애를 받던 종5품 문신 한뢰(韓賴)가 나서 이소응의 뺨을 때렸다. 이를 지켜보던 의종과 측근 문신들은 손뼉을 쳐가며 크게 웃음을 터트렸으나 대장군 정중부(鄭仲夫)를 비롯해 주변에 있던 무장들의 안색은 하얗게 변했다. 정중부가 앞으로 나서 한뢰에게 소리쳤다.

"이소응이 비록 무신이기는 하나 벼슬이 3품인데 어찌 모욕을 이다지 심하게 주는가?"

일단 의종이 나서 정중부의 손을 잡고 위무했지만, 여러 해 동안 계속되어 온 무신 모독에 대한 무신들의 분노가 마침내 폭발하고 말았다. 날이 어두워지자 의종은 보현원으로 들어갔고, 남은 신하들이 귀가를 위해 문밖으로 나서자 이고(李高), 이의방(李義方) 등 정중부의 핵심 부하들이 행동에 들어갔다. 최초의 희생자는 우부승선 임종식(林宗植)과 어사대 지사 이복기(李復基)였다. 이들은 늘 의종과 함께 배를 띄워 종일토록 술 마시고 놀던 인물들이었다.

무신들의 난이 발발했다는 소식이 전해지자 의종보다 더 놀란 인물이 두 사람 있었다. 한 사람은 앞서 무신을 희롱했던 한뢰이고, 또 한 사람은 좌승선 김돈중(金敦中)이었다. 《삼국사기》를 지은 김부식의 아들인 김돈중은 초급 관리 시절 아버지의 배경을 등에 업고 촛불로 정중부의 수염을 태운 적이 있었다.

한뢰는 친한 환관의 도움을 받아 의종의 침상 아래에 숨었다. 정중부가 한뢰를 밖으로 내보낼 것을 청하자 한뢰는 의종의 옷을 붙들고 한사코 나오려 하지 않았다. 결국 이고가 칼로 위협하자 밖으로 나온 한뢰는 그 자리에서 목이 달아났다.

김돈중은 인종 22년(1144년) 문과에 급제하고 내시직에 임명되었다. 정중부의 수염을 촛불로 태웠을 때, 아버지 김부식이 도리어 정중부를 나무랐기에 원한을 사게 되었다.

김돈중은 의종 때 전중시어사(殿中侍御史)가 되었으나 환관 정함을 합문지후에 임명하는 것을 반대하여 호부원외랑(戶部員外郞)으로 좌천되었다가 시랑에 옮겨졌다. 그 뒤 김부식이 세운 관란사(觀瀾寺)를 중수하여 아우인 김돈시(金敦時)와 함께 왕의 복을 비는 절로 삼음으로써 의종의 환심을 샀다.

의종 21년(1167년)에는 좌승선(左承宣)이 되었는데, 의종이 봉은사에서 연등행사를 마치고 환궁할 때 김돈중의 말이 놀라 한 군사의 화살통에 부딪혀 화살이 의종의 수레에 떨어진 사건이 발생했다. 이 유시사건(流矢事件)으로 군인들이 죄 없이 귀양을 가게 되어 김돈중에게 더욱 원한을 품게 되었다.

정중부가 난을 일으키자, 김돈중은 겨우 개경을 탈출해서 경기도 감악산에 숨어 지내다가 현상금을 탐낸 하인의 밀고로 붙잡혀 무참하게 살해되었다. 이후 진행 과정은 역사책에서 자주 소개되는 그대로이다. 그날 하루에만 50여 명의 문신과 환관들이 죽었고, 이후 문신 도륙이 진행되어 《고려사》는 "시체가 산처럼 쌓였다"고 적고 있다.

한편 무신들의 세상을 열어준 장본인인 의종의 말로는 비참했다. 숨죽이고 있던 의종은 9월 1일 사람들을 모아 반격을 시도했지만 실패로 돌아갔다. 의종은 왕위를 내놓고 거제현으로, 태자는 진도현으로 추방당했고 태손은 살해되었다.

명종 3년(1173년) 8월 동북면병마사 김보당(金甫當)이 의종의 복위를 명분으로 군사를 일으켰으나 실패로 돌아갔고, 다시 한 번 개경에서는 문신들에 대한 도륙이 자행되었다. 거제에서 경주로 옮겨졌던 의종은 같은 해 10월 1일 그곳 곤원사(坤元寺) 북쪽 연못 근처에서 이의민(李義旼)에게 무참하게 살해되어 연못에 던져진다.

5. 정조의 시대, 홍국영의 시대

정조의 즉위를 도운 홍국영(洪國榮, 1748년~1781년)은 자신의 공로를 앞세워 간신이 된 경우이다. 혜경궁 홍씨의 《한중록(閑中錄)》 등에 따르면 홍국영은 젊은 시절 호방하면서도 해괴한 인물이었다. 이를 홍씨는 '하늘도 땅도 두려워하지 않는 인물'이라고 표현했다.

홍국영은 주색잡기로 청년기를 보냈다. 그러다 어느 시점에

작심을 하고 과거 공부를 시작해서 25세 때인 영조 48년(1772년)에 문과에 급제한다. 그만큼 머리가 좋았다는 뜻이다. 이듬해 4월 5일, 영조가 직접 숭정전 동월대에 나와 행한 소시(召試)에서 예문관원 홍국영은 훗날 동지이자 서로 다른 길을 걷게 되는 정민시(鄭民始)와 함께 우수자로 선발되었다.

이를 계기로 영조의 눈에 든 홍국영은 사관과 함께 왕세손을 보좌하는 춘방 사서를 겸직하게 되면서 정조와 인연을 맺게 된다. 혜경궁 홍씨에 따르면 아버지 홍봉한은 당시 홍국영을 좋게 보았지만 작은아버지 홍인한은 "영안위 할아버지 자손 중에 저런 요망한 인간이 날 줄 어이 알았으랴. 나라를 망칠 자이다"라고 극언했다고 한다.

결과적으로는 홍인한의 진단이 정확했던 것으로 드러난다. 어쨌거나 당시 권력에서 물러나 있던 홍봉한은 이복동생인 홍인한에게 홍국영의 보직을 도와줄 것을 권유하는 등 직간접적으로 홍국영을 후원하려 했다.

그러나 풍산 홍씨 집안의 후원보다는 영조의 총애가 더 컸다. 홍국영은 과거 급제 이후 줄곧 사관으로 영조의 곁에 있었고, 영조는 공개적으로 '국영은 내 손자'라며 좋아했다. 홍국영이 영조와 왕세손을 동시에 가까이에서 모실 때는 두 사람을 이간질하려는 세력의 공작이 극에 이르고 있을 때였다. 정순왕후 김씨 세력, 정후겸 세력, 홍인한 세력 등이 그들이었다.

홍국영은 정순왕후 김씨 집안과도 친척 관계였다. 정순왕후 김씨와 8촌인 김면주(金勉柱)의 어머니가 홍국영의 당고모(5촌)였다. 홍국영은 과거시험을 위해 한양에 왔을 때 김면주의 집에 머물 정도로 홍씨 집안보다는 경주 김씨 집안과 더 친화성을 갖고 있었다.

그러나 젊은 야심가 홍국영은 적어도 홍씨나 김씨 쪽에 줄을 서지 않고 자신의 본분인 세손 보호에 최선을 다했다. 당시 세손을 지켜준 두 인물이 바로 세손강서원(世孫講書院)의 홍국영과 정민시였다.

정후겸 세력이나 홍인한 세력은 심지어 세손이 홍국영이나 정민시와 무슨 공부를 하고 있는지를 파악하기 위해 강서원에 자기 사람들을 심기까지 했다. 세손으로서는 뭐 하나 마음대로 말하고 행동할 수가 없는 형편이었다. 이런 열악한 조건 속에서 홍국영과 정민시는 헌신적으로 세손을 지켜냈다.

영조가 대리청정 의사를 처음으로 밝힌 것은 영조 51년(1775년) 11월 20일 경연에서였다. 그때는 경연 때마다 동궁(세손)을 참여시켰기 때문에 그 자리에 함께 있었다. 그 밖에 돈녕부 영사 김양택, 영의정 한익모, 중추부 판사 이은, 좌의정 홍인한 등 전

현직 정승들이 배석했다. 이날 경연에서 82세의 영조는 대리청정 의사를 밝힌다.

"국사를 생각하느라고 밤에 잠을 이루지 못한 지가 오래되었다. 어린 세손이 노론(老論)을 알겠는가, 소론(少論)을 알겠는가? 남인(南人)을 알겠는가, 소북(少北)을 알겠는가? 국사를 알겠는가, 조사(朝事, 조정의 일)를 알겠는가? 병조판서를 누가 할 만한가를 알겠으며, 이조판서를 누가 할 만한가를 알겠는가? 이와 같은 형편이니 종사(宗社)를 어디에 두겠는가? 나는 어린 세손으로 하여금 그것들을 알게 하고 싶으며, 나는 그것을 보고 싶다."

그러면서 전위를 생각했으나 세손이 놀랄 수 있기 때문에 과도적 단계로 대리청정을 시키려 한다고 덧붙였다. 실은 때늦은 결심이었다. 그러나 영조의 말이 끝나기가 무섭게 좌의정 홍인한이 말했다.

"동궁은 노론이나 소론을 알 필요가 없고, 이조판서나 병조판서를 알 필요도 없습니다. 더욱이 조정의 일까지도 알 필요가 없습니다."

정면에서 동궁을 깔아뭉개는 발언이었다. 이를 3불필지설(三不必知說), 즉 알 필요가 없는 세 가지라고 이른다. 홍인한으로서는 필사적일 수밖에 없었고 여기에 정후겸도 가담했다. 반면 세손도 더 이상 물러설 수 없었다. 세손은 노골적으로 척리들을 배척한다는 뜻을 밝히며 맞섰다. 먼저 홍인한의 방해 공작에 대해 실록은 이렇게 전한다.

대리청정에 대한 의논이 일어나게 되자 홍인한 등이 크게 두려워하여 온갖 방법으로 저지시켰으며 더욱 급하게 안으로는 이목을 포치(布置)하고 밖으로는 당여(黨與)를 끌어들여서, 혹은 말을 지어내어 협박하기도 하고 혹은 허튼소리로 탐지하며 시험하기도 했다.

또한 궁관(宮官)이 임금을 호위하는 것을 참소로 헐뜯으며 자기에게 빌붙지 않는 자는 반드시 자기들과 가까운 자와 배치 장소를 바꾸려고 했으니 주야로 경영하는 정적(情跡)을 헤아리기 어려웠다. 왕실의 척련(戚聯)으로 부귀가 또한 이미 극도에 달했으나 스스로 아주 흉악한 죄에 빠져들기를 달갑게 여기는 것이 어찌 일조일석의 일 때문이겠는가?

오직 우리 왕세손께서 재덕이 특출하고 영명하며 성을 내지 않으면서도 위엄이 있으니 두 역적이 평소에 이를 꺼려하는 바였다. 왕세손은 고금의 치란(治亂)을 환하게 알고, 척리(戚里)들의 정치에 대한 간섭을 깊이 미워하는 것이 두 역적에게는 마음속으로 우려하는 바였다.

우려와 꺼림이 서로 원인이 되어 자신이 나라와 원수가 되었다가 마침내는 성상의 환후(患候)까지 숨겨서 나라의 큰 계획을 저지하는 데 이르게 되고, 저지하는 것도 모자라서 협박하는 데 이르게 되고, 협박하는 것도 그치지 아니하여서 거의 동요하는 데까지 이르게 되었으니 무엄한 버릇과 불령한 마음이 날마다 더욱 더해가서 끝이 없게 되었다.

그 점에서는 정후겸도 뒤지지 않았다. 여기에는 정후겸의 어머니인 화완옹주까지 거들었다. 실록은 이렇게 전한다.

동궁이 혹 편안히 쉴 때가 있으면 정후겸의 어미 화완옹주는 반드시 사람을 시켜 정탐하게 하여 좌우에서 엿보았는데, 동궁이 혹여나 궁료(宮僚)들을 불러 만나보는가를 두려워하기 때문이었다. 대개 이것은 정후겸이 꾀어서 한 것으로 자기들의 정적(情跡)을 말할까 두려워한 때문이었다.

정후겸은 늘 사사로이 동궁을 뵐 때 앞으로 나오면서 몸을 굽히지도 않았고, 출입을 할 때에는 탁탁하며 신을 끄는 소리를 내어 조심하고 두려워하는 뜻이 조금도 없었다. 임금이 화완옹주에게 이르기를 "신을 끄는 소리가 어찌 그리 방자스러우냐?" 했는데, 이 뒤로 정후겸은 늘 동궁을 대하여 말하기를 "옛날에는 신을 끄는 소리까지도 임금을 섬기는 예절이었는데, 성상께서 예절을 굽어 살피지 않으심이 한스럽습니다"라고 했다. 이 무리들이 동궁에게만 무엄한 것이 아니라 성상에게도 불경했음이 또한 이와 같았다.

세손으로서는 눈썹이 타들어가는 초미지급의 상황이었다. 12월 3일 세손의 측근이던 서명선(徐命善)이 운명을 가르게 되는 상소를 올린다. 홍인한이 말한 '3불필지설'을 정면으로 비판하는 내용이었다. 원래 이 상소는 세손이 직접 올리려다가 홍국영이 나서서 말리며 서명선으로 하여금 대신 올리게 한 것이었다. 세손이 직접 올릴 경우 위험 부담이 클 수밖에 없기 때문이었다.

이에 서명선이 홍국영, 정민시와 의논한 끝에 목숨을 건 상소를 올렸다. 만일 이 상소를 영조가 긍정적으로 평가하지 않을 경우 세손의 자리는 어떻게 될지 몰랐다. 워낙 의심이 많고 변덕이 심한 데다 나이가 너무 많은 영조였기 때문이다. 다행히 영조는 서명선의 손, 아니 세손의 손을 들어주었다.

그리고 바로 다음 날 영의정 한익모(韓翼謩)와 좌의정 홍인한을 삭직한다. 이로써 세손의 지위는 튼튼해졌고 본격적인 대리청정을 시작할 수 있게 되었다. 외형적으로는 서명선이 주도적 역할을 했지만, 이 모든 계획의 기획자는 다름 아닌 홍국영이었다.

정조가 훗날 "외척들의 모함에도 불구하고 용기를 잃지 말고 끝까지 대항하도록 조언을 하면서 몸을 던진 이는 홍국영 한 사람뿐이었다"고 회고한 것도 이때 홍국영의 역할이 컸기 때문이다.

세손이 대리청정을 시작했을 때 홍국영의 보직은 홍문관 부응교 겸 사서(司書)였다. 대리청정 초기인 영조 51년 12월 21일 정후겸의 지원을 받는 부사직 심상운(沈翔雲, 1732~1776년)이 당면 과제 8가지라며 은근히 홍인한 세력을 두둔하고 노골적으로 세손을 비판하는 글을 올렸다.

심상운은 효종의 부마였던 심익현(沈益顯)의 현손으로 명문의 혈통을 이어받았으나 그의 아버지가 환관 박상검(朴尙儉) 사건에 연루된 역적 심익창(沈益昌)의 손자인 심사순(沈師淳)의 양자로 입적되어 벼슬길이 평탄치 못했다. 박상검은 왕세제(정조)를 제거하려다 실패한 환관으로, 어려서 이웃집에 살고 있던 심익창에게 수학한 인연이 있었다.

심상운은 동생 심익운이 과거에 급제하고서도 관직에 오르지 못하자, 아버지가 동생과 함께 입적된 사실을 인멸하려다 인륜을 어지럽히는 일가로 지목되어 사류(士類)의 배척을 받았다. 그러다 영의정 홍봉한의 도움을 받아 오명이 벗겨짐으로써 비로소 문과에 급제해 1774년 승지가 되었다.

그리고 이때 홍인한, 정후겸의 사주를 받아 세손을 둘러싼 관리들을 비난하면서 세손을 '온실수'에 비유하는 흉측한 내용의 상소를 올렸다. 이에 세손도 대리청정을 하지 않겠다는 초강수로 맞섰고, 결국 심상운은 삼사의 탄핵을 받아 동생 심익운과 함께 서인으로 폐출됨과 동시에 흑산도로 유배되었다가 제주도로 이배되었다. 그리고 정조 즉위와 함께 삼사의 상소로 정조의 친국을 받은 뒤 주살된다.

이때 심상운의 상소를 받아본 세손의 첫 반응은 "심상운은 그가 죄를 진 사람의 종자로서 상소하여 조목으로 진달한 바가 이처럼 교악(巧惡)하니, 심익창의 손자라고 말할 수 있겠다"였다. 이에 홍국영이 세손을 위로한다.

"세도가 이와 같이 위험하오니, 신들이 성의를 다하여 우러러 도울 것입니다. 저하 역시 '진안(鎭安)'이란 두 글자를 유념하소서."

세손도 무한한 총애로 답했다.

"사서가 아뢴 바를 반드시 염두에 두겠다."

이듬해 2월 24일 홍국영은 사인(舍人)으로 발령을 받는다. 사인은 정4품에 해당하는 관직으로, 원래는 의정부의 심부름을 하는 자리로 오늘날로 치자면 국무총리 비서실장에 해당한다. 그러나 이 경우는 굳이 말하자면 세손 비서실장이라고 할 수 있다.

그리고 다음 날 서명선은 이조판서로, 홍국영은 훈련원 정(正)으로 발령을 받는다. 훈련원 정은 정3품 당하관에 해당하기 때문에 하루 만에 품계가 두 단계나 뛰었다. 세손의 총애가 그만큼 컸다.

정조 즉위 초에 정조와 홍국영의 관계는 의기투합이라는 한 마디로 표현할 수 있다. 이렇게 된 데는 여러 가지 요인이 있겠지만 무엇보다 내외척을 멀리하려 한 정조와 노론임에도 불구하고 어린 나이라 특정 정파에 속하기를 거부하는 홍국영의 기질이 딱 맞아떨어졌다. 게다가 패기에 찬 홍국영은 적어도 이때만은 진심으로 정조를 보필했다. 홍국영에 대해 대단히 비판적인 혜경궁 홍씨의《한중록》에서도 이 점을 확인할 수 있다.

> 동궁께서는 나이도 서로 비슷하고 얼굴도 잘생기고 눈치 빠르고 민첩하니, 세상이 어지러웠던 때를 당하여 한 번 보고 크게 좋아하셔서 총애가 깊으셨다. 처음에는 요 어린놈이 간사한 꾀를 내어 동궁께 곧은 충고를 하는 척했지만 실은 다 듣기 좋은 말이라……. 한 번 국영이 들어오면 외간의 일들을 여쭙지 않는 일이 없고 전하지 않는 말이 없으니 동궁께서 신기하고 귀하게 여기셨다.

　정조는 즉위 나흘째인 3월 13일 홍국영을 승정원 동부승지로 임명한다. 정3품 당상관으로의 승진이라는 의미보다는 왕명을 공식적으로 출납하는 자리에 올랐다는 의미가 더 컸다. 게다가 홍국영은 단순한 왕명 출납 이상의 직무를 수행했다. 왕명 생산, 즉 정조의 1인 싱크탱크이자 책사로서 정국의 밑그림을 그리는 역할을 맡았던 것이다.

여기서 한 가지 염두에 둬야 할 점은 홍국영이 이념적으로는 골수 노론이었다는 사실이다. 좀 더 정확히 말하면 "홍국영은 노론계 중에서 청명당 계열 정파의 지도자인 김종수, 정이환과 합세하여 노소론 탕평당 계열(친영조파)인 홍인한, 정후겸, 윤양후, 홍계능 세력을 사도세자에 불경하고 정조의 즉위를 방해했다는 죄목으로 제거했다"는 것이다(박광용 교수의 말). 요컨대 홍국영은 기존 세력 판도의 힘을 빌기 위해 노론 청명당과 손을 잡았던 것이다.

그 첫 번째 조치가 5월 22일 소론의 정신적 지주인 윤선거(尹宣擧), 윤증(尹拯) 부자의 관작 추탈과 문집 훼손 및 사액(賜額) 철거였다. 이는 소론계 인사들에게는 크나큰 모독이었다. 이 조치를 내린 후 정조는 이렇게 말했다.

"며칠 전에 승선(承宣)이 아뢴 말이 바로 내가 평소에 생각하고 있던 바와 맞기에 바야흐로 뜻을 결단하여 시행한 것이다."

승선이란 바로 동부승지 홍국영이었다. 아마도 홍국영은 김종수 세력과 손을 잡기 위해 노론의 숙원사업이라 할 윤선거 부자의 관작 추탈과 송시열의 효종의 묘 배향을 앞장서서 추진한 것 같다. 송시열의 배향은 정조 2년 4월 영조 위패에 김창집과 민진원을 배향할 때 함께 성사된다. 역설적이게도 신진기에 홍국영에 의해 노론의 세상이 열리고 있었다.

제4장 | 영신(侫臣)

정조 대의 거물 정치인 김치인(金致仁)과 친척으로 노론 중도파인 김종수(金鍾秀, 1728~1799년)는 아주 늦은 41세 때인 영조 44년(1768년) 문과에 급제해 예조정랑, 홍문관 부수찬을 거쳐 시강원 필선으로 임명되면서 왕세손과 인연을 맺었다. 이때 그는 일관되게 당시 위세를 떨치고 있던 홍문(洪門)과 김문(金門)의 외척 정치를 지양해야 한다고 주장해 정조의 두터운 신임을 얻었다.

김종수는 또한 왕세손의 스승으로서 정조의 정신세계에 깊은 영향을 심어주었다. 특히 원시 유학과 정통 주자학의 핵심을 가르치며 '임금은 통치자이면서 스승'이라는 군사론(君師論)을 정조의 머릿속 깊이 심어주었다. 정조에게서 보이는 보수 혁명가로서의 면모는 대부분 김종수로부터 비롯되었다고 해도 과언이 아니다. 이처럼 정조 즉위 초의 정치를 이해하는 핵심 축은 정조, 홍국영, 김종수 3인이었다.

정조 즉위년 3월 13일 승정원 동부승지에 임명된 홍국영은 6월 1일 이조참의로 자리를 옮긴다. 품계는 같은 정3품 당상이지만 인사를 다루는 핵심 요직을 맡은 것이다. 7월 6일 홍국영은 도승지에 오르는데, 이때 그의 나이 29세였다. 영조 말기에는 주요 대신들이 정후겸의 눈치를 살펴야 했다면 정조 초기에는 홍국영의 눈치를 살핀다.

홍국영이 도승지에 임명된 바로 다음 날 영의정 김양택(金陽澤)

은 '나이가 젊고 총명하니' 홍국영을 비변사 부제조로 임명해야 한다는 의견을 낸다. 이에 정조는 아직은 너무 빠르다며 거부했다. 이미 이때도 홍국영을 음해하는 각종 이야기들이 정조의 귀에 들어가고 있었다. 부담을 느끼지 않을 수 없었던 것이다.

8월 18일 홍국영은 승문원 부제조로 옮긴다. 내의원의 총책임을 맡기기 위한 것이었다. 누구보다 신변 안전에 신경을 썼던 정조이기에 홍국영의 승문원 부제조 임명은 무한 총애를 보여주기에 충분했다.

9월 25일 인재 양성기관으로 규장각(奎章閣)을 세운 정조는 홍국영을 규장각 직제학으로 임명했다. 제학 바로 아래의 자리였다. 또 10월 19일에는 군무를 관장하는 찰리사(察理使)로 임명했다. 이 모든 게 겸직이었다. 한 달 후인 11월 19일에는 수어사도 겸직케 했다. 그리고 다음 날 홍국영과 김종수를 비변사 제조로 임명했다.

이듬해 5월 27일 홍국영은 경호실장에 해당하는 금위대장까지 겸한다. 그리고 바로 다음 날 김종수는 우의정에 오르게 된다. 그해 8월 반역 모의가 생겨나 홍국영은 이를 제압하는 공을 세운다.

그리고 10월 17일 홍국영은 종2품직 홍문관 제학에 제수된다. 이후에도 홍국영은 훈련대장을 거쳐 정조 2년 3월 25일 규장각

제학에 오른다. 그렇게 문무의 요직이라는 요직은 자유자재로 맡았다. 그런데 당시의 홍국영에 대해 실록은 대단히 비판적이다.

"이때 홍국영의 방자함이 날로 극심하여 온 조정이 감히 그의 뜻을 거스르지 못했다."

즉위에 공이 있다고 해서 이처럼 특진에 특진을 거듭하게 한 것은 정조의 인사 처리가 그만큼 미숙했다는 뜻일 수도 있다. 그것은 홍국영을 위해서도 결코 좋은 결과를 가져올 수 없었다. 인재를 키우는 게 아니라 죽이는 길을 선택한 것은 다름 아닌 정조 자신이었다.

권력을 맛본 30대 초반의 홍국영은 어느새 '1등 공신'에서 권간(權奸)으로 전락하고 있었다. 정조 2년 홍국영은 정조에게 소생이 아직 없다는 점에 착안해 13살 누이동생을 후궁으로 들여보내 정조와 처남 매부 사이가 된다. 인조반정 이후 서인 중에서도 노론이 일관되게 추진해온 국혼(國婚)을 놓치지 않겠다는 원칙을 나름대로 관철한 것이다.

그러나 하늘도 홍국영의 끝을 모르는 권력욕을 그냥 둘 수 없었던 것 같다. 정조 3년 5월 7일 홍국영의 여동생 원빈 홍씨가 열네 살 어린 나이에 세상을 뜬다. 홍국영은 왕비의 상례에 준하여 동생의 상을 치렀다. 참람한 행위였다.

"이휘지가 표문(表文)을 짓고, 황경원이 지장(誌狀)을 짓고, 송덕상이 지명(誌銘)을 짓고, 채제공이 애책(哀册)을 짓고, 서명선이 시책(謚册)을 지었다."

국왕의 상을 당했을 때나 동원될 법한 당대의 명유(名儒)들이 총동원된 것이다. 그리고 9월 26일 홍국영은 도승지에서 물러날 것을 청하는 상소를 올렸고, 정조는 즉각 수리했다. 실은 정조가 사직토록 명을 내린 것이다. 갑자기 이렇게 정조의 태도가 바뀐 데 대해서는 실록이 상세한 설명을 하고 있다.

그 누이가 빈(嬪)이 되고서는 더욱 방자하여 곤전(坤殿, 중전 효의정후 김씨)의 허물을 지적하여 함부로 몰아세우고 협박하는 것이 그지없었으나 임금이 참고 말하지 않았다. 그 누이가 죽고서는 원(園)을 봉하고 혼궁(魂宮)을 두었고 점점 국권을 옮길 생각을 품어 앞장서 말하기를, "저사(儲嗣)를 넓히는 일은 다시 할 수 없다"고 하고, 드디어 역적 은언군 이인(李䄄, 철종의 할아버지)의 아들 상계군 이담을 죽은 원빈의 양자로 삼아 그 군호를 고쳐 완풍(完豊)이라 하고, 늘 '내 생질'이라 불렀다. 완(完)이라는 것은 국성(國姓)의 본관인 완산(完山, 전주)을 뜻하고, 풍(豊)이라는 것은 스스로 제 성의 본관인 풍산(豊山)을 가리킨 것이다. 가리켜 견주는 것이 매우 도리에 어그러지므로 듣는 자가 뼛골이 오싹했으나, 큰 위세에 눌려 입을 다물고 감히 성내지 못했다. 또 적신(賊臣) 송덕상(宋德相)을 부추겨 행색이 어떠하고 도리가 어떠한 자를 임금에게 권하게 했는데, 바로 완풍군 이담(李湛)이었다.

그래서 역적의 모의가 날로 빨라지고 재앙의 시기가 날로 다가오니 임금이 과단(果斷)을 결심했으나 오히려 끝내 보전하려 하고, 또 그 헤아리기 어려운 짓을 염려하여 밖에 선포하여 보이지 않고 조용히 함께 말하여 그 죄를 낱낱이 들어서 풍자하여 떠나게 했다.

정조는 홍국영을 살리려 했던 것이다. 그것이 옛 동지에 대한 마지막 배려였다. 이날 송덕상, 김종후(김종수의 형) 등이 나서 사직을 만류해야 한다고 하자, 정조는 "이렇게 해야만 끝내 홍국영을 보전할 수 있을 것"이라고 답한다.

이후 연말까지 홍국영 세력에 대한 숙청 작업이 철저하게 진행되었다. 대신 겨우 목숨을 구한 홍국영은 도성으로 들어와서는 안 된다는 명을 받았고 재산도 몰수당했다.

모든 관직을 빼앗긴 홍국영을 정조는 이틀 후 인정전으로 불러 작별 인사를 한다. 할 말이 많았지만 모든 것을 억제할 수밖에 없었다. 이 자리에서 홍국영은 "자신은 정민시와 형제 같은 정을 갖고 있으니 그를 끝까지 잘 보살펴 달라"고 부탁한다. 그것이 마지막이었다. 강원도 강릉 해안가에 거처를 마련한 홍국영은 술로

날을 지새우다가 정조 5년(1781년) 4월에 사망했다. 33살이었다.

정조 18년(1794년) 들어 정조는 홍국영에 이은 또 한 명의 귀근(貴近)을 중용하게 된다. 자신이 키우다시피 한 규장각 출신 정동준(鄭東浚, 1753년~1795년)이었다.

정조 18년은 한양 정도 400주년을 맞아 10년 계획으로 화성 신도시 건설에 착수한 해였다. 신도시 건설에 대한 노론 벽파의 반대는 만만치 않았고, 정조의 측근 중에서조차 신도시 건설을 냉소적으로 보는 시각이 적지 않았다. 이런 상황에서 정조는 정동준이라는 인물에게 홍국영에 버금하는 신임과 실권을 주어 사림 청론과 노론 벽파의 반발을 정면 돌파하기로 결심한다.

정조는 재위 4년(1780년) 정동준을 선발해 규장각신 대교(정8품)로 임명했다. 이듬해 2월 정동준은 이시수, 서용보 등과 함께 규장각 초계문신(抄啓文臣)으로 선발되었다. 이미 이때 정동준은 정조의 마음을 사로잡았다.

정조 6년 2월, 정조가 정동준을 이조좌랑으로 특진시키자 정동준은 끝까지 사직의 뜻을 밝혔고, 이에 정조는 정동준을 과천현감으로 보임했다. 1년 후 의정부 사인(舍人)에 임명된 정동준은 한 달 후 규장각 직각(直閣)으로 자리를 옮긴다. 직각은 대략 5품직에 해당한다.

정조 9년과 10년에도 이조참의에 제수되었으나 이때도 정동 준은 사양했다가 수원부사로 보임된다. 정조 11년 6월 문제의 이 조참의는 이시수가 차지하고, 정동준은 대사간으로 임명된다. 1년 후 전라도 관찰사로 보임되었으나 사직을 청해 받아들여졌고, 정 조 13년 1월 12일에 다시 경상도 관찰사로 보임되었으나 역시 나갈 수 없다고 하여 정조는 "정동준을 삭탈관작하고 영원히 의 망(擬望, 후보군)에서 빼버리라"고 명했다.

그러나 그것은 말뿐이었고, 이듬해(1790년) 정동준은 승지가 되어 정조를 측근에서 보좌하게 되었다. 정조는 정동준의 문장을 좋아했다. 그리고 2년 후 정동준은 규장각으로 복귀했다.

정동준이 정조의 복심으로 활동하게 되는 정조 17년(1793년) 과 정조 18년(1794년)의 기록은 실록에 하나도 없다. 정확히 그 가 무슨 활동을 어떻게 하다가 정조와 대립하고 있던 노론 벽파 와 갈등을 빚었는지에 관한 정보가 고스란히 빠져 있는 셈이다.

정동준은 소론계 인사였다. 다행히 《목민심서(牧民心書)》에 정 약용(丁若鏞)이 미리 쓴 자신의 묘지명에 정동준 관련 내용이 나 온다. 이때는 정약용이 홍문관 관리로 있을 때였다. 먼저 정약용 이 본 정동준의 당시 행태다.

이 무렵 정동준이 병이 났다는 핑계로 집에서 지내며 음흉하게 조정의 권한을 잡아보려고 사방의 뇌물을 긁어모으고 고관대작들이 밤마다 백화당에 모여 잔치를 베풀고 있자 안팎으로 눈을 찌푸리게 되었다. 내가 늘 정동준을 공격하고 싶어 상소문을 써놓기를 '규장각을 설치한 것은 임금께서 옛날의 아름다움을 이어받고 문치(文治)를 펴나가게 하자는 것이며, 또 원대한 경륜을 계획하려 함입니다. 무릇 신하로 있는 사람으로서 누가 그 일을 흠앙치 않으리오.

그러나 그 인원을 선발하는 과정에서 더러는 적합하지 못한 사람이 뽑혀서 임금의 총애를 분수 외로 받게 되자 교만심과 사치하는 마음이 움터 비방의 소리가 일어나게 되었으니 각신(閣臣)인 정동준과 같은 사람은 병을 핑계 삼아 집 안에 머무르면서 아침저녁으로 공부하고 몸 닦는 일도 하지 않으니 그 일을 괴이하게 여겨 의심하지 않는 사람이 없습니다.

더구나 그의 저택은 규제를 벗어나 지나가는 사람마다 손가락질을 하고 있으니, 이거야말로 각신으로 있는 다른 사람들에게까지 좋은 소식이 될 게 없으리라 싶어 걱정입니다. 엎드려 바라옵건대, 임금께서는 조금씩 억제해주시고 분수를 지킬 수 있게 해주신다면 조정이나 조정 밖의 의심을 푸는 것만이 아니라 자기 자신에게도 행복일 것입니다.

정약용은 갑인년(33세, 1794년) 겨울에 두 번째로 옥당(玉堂, 홍문관)에 들어갔고, 곧 자리가 바뀌는 바람에 상소를 올리지 못하고 말았다. 그러다가 을묘년(1795년) 초에 정동준이 자살해버려 마침내 그만두었다.

정조 17년에서 18년까지 2년 동안 정동준은 과연 무엇을 어떻게 했던 것일까? 정약용의 글이나 다음에 보게 될 권유(權裕)의 상소 등을 통해 추론해볼 수 있을 뿐이다. 그것은 한 마디로 측근으로서의 횡포와 권력남용이었다.

정동준이 자결 내지 음독자살하기 직전인 정조 19년 1월 11일 말단관리인 첨지 권유가 장문의 상소를 올렸다. 이 상소의 충격파는 컸다. 이 상소가 올라온 직후 정동준은 자살을 택하게 되기 때문이다. 권유는 주로 궁궐 내의 일을 맡아보며 30여 년을 보낸 인물이어서 궐내 사정에 누구보다 밝았다.

오로지 온갖 수단을 총동원하여 권세와 이익을 키워갈 생각만 하면서 한 숟가락의 밥에도 굶주림과 배부름이 관계되는 양 행동하고 한 마디 말에도 기뻐하고 슬퍼하는 안색이 금세 나타나곤 하는데, 더 좋은 위치로 올라가는 일에만 관심을 두고 더 많이 차지하면서 뺏기지 않으려고 눈이 뒤집힌 채 뱃속에서 욕심만 부풀어 오르고 가슴속에는 의심만 끊임없이 일으키고 있습니다……

말끝마다 거만스레 천위(天威)를 희롱하고, 사사건건 조정의 명령을 가차(假借)하면서 은혜가 융숭해질수록 보답할 방도는 생각하지도 않고, 위치가 근밀(近密)해질수록 감히 배타적으로 도모할 생각만 품고 있습니다.

천고에 볼 수 없는 은총을 받고, 천고에 듣지 못하던 지위를 차지하고서도 천고에 듣지 못하고 볼 수 없었던 흉측하고 극악한 정절(情節)을 보이고 있는데, 전하께서는 이런 사실을 모르시는 것입니까, 아니면 아시면서도 금하지 않고 계시는 것입니까. 아시지 못한다면 명철하신 면에 손상되는 점이 있는 것이고 알고도 금하지 않고 계시는 것이라면 통쾌하게 결단을 내리는 면에 결핍된 점이 있다고 할 것인데, 신이 이에 대해 피눈물을 씻으면서 진달을 드려볼까 합니다…….

전하께서 매번 마음먹은 대로 정치가 안 된다고 조정에서 탄식하곤 하십니다만 이 자들의 죄를 바로잡지 않는 한 오늘날의 조정을 어떻게 할 수가 없을 것이며, 이 자들의 무도함을 변별해주지 않는 한 오늘날의 습속을 어떻게 할 수가 없을 것입니다. 이 자들을 그냥 놔두고 차마 법대로 적용하지 못한다면 전하께서 비록 한나라나 당나라 때의 중간 수준쯤 되는 임금이 되어보려 해도 그렇게 되지 않을 것입니다.

충정 가득한 상소였다. 정조는 자신을 비판하는 대목이 많았음에도 불구하고 이례적으로 "그대로 하여금 이런 말을 하게 하다니 그 점이야말로 내가 반성해야 할 일이다" 하고 인정했다. 정조가 권유의 상소를 받아들였다는 소식이 전해지자 정동준은 독약을 먹고 자살했다. 그날이 1월 18일이다.

제5장

✻

참신
讒臣

임금의 총애를 믿고
동료를 해치는 간신들

1. 소인들이 충신을 해치는 방법

구양수(歐陽脩, 1007년~1072년)는 송나라 때 학자이자 정치가로 10세 때 당나라 한유(韓愈)의 전집을 읽을 정도로 재능이 뛰어났다. 인종(仁宗) 천성(天聖) 8년(1030년)에 진사가 되었고, 경력(慶曆) 연간에 간원(諫院)을 맡았으며 우정언(右正言)과 지제고(知制誥)가 되어 신정(新政)을 도왔다.

가우(嘉祐) 2년(1057년)에는 과거를 주관하는 지공거(知貢擧)가 되어 고문(古文)을 제창하고 태학체(太學體)를 배척하자 문풍(文風)이 크게 변했다. 가우 5년(1060년)에는 추밀부사(樞密副使)에 올랐고, 다음 해 참지정사(參知政事)가 되었다. 영종(英宗) 초에, 영종의 아버지 복왕(濮王)을 추존해서 황(皇)으로 삼아야 한다는 복의지쟁(濮議之爭)을 일으켰다. 그 뒤 신종(神宗)이 즉위하자 자원하여 박주(亳州)와 청주(靑州), 채주(蔡州)의 지주로 나갔다. 그 뒤 왕안석(王安石)의 신법을 반대해 치사(致仕, 관직에서 물러남)했다.

구양수는 이후 고문운동(古文運動)의 영수가 되었고, 당송팔대가(唐宋八大家)의 한 사람으로 손꼽히게 된다. 사학(史學)에도 뛰어났던 그는 소인이 충신과 현신(賢臣)을 해치는 방법을 논한 글을 인종에게 올린 적이 있는데, 동료를 중상모략하는 참신들의 고전적인 방법을 드러내고 있어 필독을 요한다.

예로부터 소인은 충직하고 선량한 사람을 참소하고 음해한다고 했습니다. 소인들의 계략은 멀리 있는 것이 아니라 어질고 좋은 사람들을 광범위하게 함정에 몰아넣으려 하면서 그들을 붕당이라고 지목하는 데 지나지 않습니다. 그런데 그들이 대신을 뒤흔들려 할 때는 반드시 없는 일을 덮어씌워서 무력화시킨 다음 권력을 장악하게 되는데, 그 이유는 무엇이겠습니까? 무릇 한 사람의 좋은 사람만 제거하고 나머지 많은 좋은 사람들은 오히려 그냥 둘 경우 소인들이 도모하는 이익은 얻을 수가 없습니다. 그래서 그들은 좋은 사람들을 죄다 없애려 하는데 좋은 사람들은 허물이 적다 보니 일일이 그 잘못을 찾아내기가 어렵습니다. 그래서 오직 당을 지었다고 무고를 해야만 한꺼번에 모두 축출할 수가 있습니다.

예로부터 대신은 임금이 누구보다 잘 알고 있고 신임까지 받기 때문에 다른 일을 뒤흔드는 것에 비하면 훨씬 어렵습니다. 그래서 임금이 싫어하는 바, 즉 권력을 제 마음대로 한다는 명분을 내세우면 반드시 바야흐로 그를 거꾸러트릴 수 있게 되는 것입니다.

우리 역사에서도 조광조(趙光祖)에 반대했던 남곤(南袞), 심정(沈貞) 등은 바로 이 같은 논리로 조광조를 비판해 중종으로 하여금 조광조 세력을 숙청하게 만들었다.

2. 임금을 속이고 명신을 함정에 빠트리다

먼저 사마광의 《자치통감》이다.

내사시랑(內史侍郎) 우세기(虞世基)는 황제가 도적에 관한 소식을 듣는 것을 싫어한다는 사실을 알고, 여러 장수들과 군현에서 도적들과의 싸움에서 패배를 알리거나 구원을 요청하는 소식이 있으면 표문에 있는 상황을 모두 완화하거나 훼손하여 사실대로 보고하지 않고 다만 이렇게 말했다.

"쥐가 훔치고 개들이 도둑질을 하여 군현에서 잡아서 내쫓고 있으니 마땅히 다 없어질 것입니다. 원컨대 폐하께서는 개의

치 마옵소서."

황제는 정말 그런 줄로 알고 혹여 실상을 전하는 자가 있으면 매질을 하며 거짓말을 했다고 여겼다. 이로 인해 도적떼들이 전국적으로 두루 퍼졌고, 군현은 함락되어 없어졌으나 황제는 그것을 전혀 알지 못했다. 그 뒤 양의신(楊義臣)이 황하 북쪽에 있는 도적 수십만을 깨트려 항복시키고 상황을 자세히 보고하자, 황제가 탄식하며 말했다.

"나는 애초에 소식을 들은 바가 없는데, 도적이 갑자기 이와 같아서 양의신이 항복시킨 도적이 어찌 이리도 많단 말인가?"

우세기가 대답했다.

"소소한 도적들이 비록 많기는 하지만 아직 걱정할 만큼 많지는 않습니다. 그리고 양의신이 이겼고, 그가 거느린 병사가 적지 않으며 오랫동안 경사(京師, 수도) 밖에 있으니 이것은 바람직한 일이 아닙니다."

황제가 말했다.

"경의 말이 옳도다."

급히 양의신을 불러들이고 그의 군사들을 해산시키니 이로 말미암아 도적들은 다시 번성했다.

다시 《자치통감》이다.

내사사인(內史舍人) 봉덕이(封德彝)가 우세기에게 아첨하며 붙어 아무도 모르게 꾸며서 조서의 명령을 널리 행하고 황제의 뜻에 아첨하여 무조건 따랐으며 신하들이 올린 표문 가운데 황제의 뜻을 거스를 수 있는 것은 모두 차단하여 아예 올리지 않았다.

심문하고 재판할 때는 법을 엄격하게 써서 심하게 죄를 물었으며 논공행상을 할 때는 억누르고 깎아서 더욱 야박하게 했다. 그래서 그에 관한 우세기의 총애는 날로 융성해졌고 수나라의 정치가 날로 무너져 내렸으니, 이는 다 봉덕이의 소행이다.

우세기(?~616년)는 백성들의 실상을 외면하고 오로지 임금의 속마음만을 헤아렸다. 이들은 이런 식으로 총애를 얻은 다음에 실상을 있는 대로 전하려는 뛰어난 신하들을 차례로 제거했다. 이런 일은 특히 중국 역사에서 이루다 셀 수 없을 정도이니 한 명만 더 예를 들어보자.

남북조시대 남조(南朝) 양(梁)나라 무제(武帝) 소연(蕭衍)은 종종 당나라 현종과 비교되곤 한다. 한 임금이 뛰어남과 몽매함을 동시에 보여주기 때문이다. 대체로 전반기는 치세를 이루다가 후반기는 난세를 빚어냈는데, 난세를 만들 때 현종에게 이임보라는 간신이 있었다면 무제에게는 주이(朱异)라는 간신이 있었다.

적국인 동위(東魏)의 후경(侯景)이라는 인물이 고징(高澄)과 갈등을 빚게 되자 반란을 일으켜 13개 주(州)를 양나라에 넘겨주는 조건으로 귀순을 청했다. 다른 신하들은 모두 장차 내분의 싹이 될 수 있다며 후경을 받아들여서는 안 된다고 했다.

그러나 주이는 '후경이 동위 국토의 절반을 갖고서 스스로 온다는데 이를 받아들이지 않는다면 앞으로 귀순하고자 하는 자들의 기대를 꺾는 일'이라며 무제를 유혹했다. 무제도 처음에는 꺼림칙하게 생각했으나 주이의 말에 끌려 후경을 받아들이기로 결정했다.

그런데 얼마 후에는 고징이 우호를 맺고 싶다는 글을 보내왔다. 이에 사농경(司農卿) 부기(傅岐)가 반대했다.

"고징이 무슨 일로 화친이 필요하겠습니까? 필시 이간책을 쓰려는 것입니다. 이 일로 후경이 불안해한다면, 그는 반드시 화란을 도모할 것입니다."

무제는 전쟁을 일으키는 것을 싫어했고, 주이는 그 뜻에 영합해 화친을 해야 한다고 강조했다. 결국 주이의 뜻대로 되었다. 마침내 후경은 548년 주이와 그 일당을 주살하는 것을 명분으로 반란을 일으켰고, 이듬해 무제는 유폐되었다가 곧 사망했다. 이후 혼란에 빠진 양나라는 10년 만에 진(陳)나라에 멸망당했다. 간신의 한 마디는 이처럼 무섭다.

주이는 유학자 출신으로 나름대로 능력까지 갖췄으나 30년 가까이 권력을 누리는 자리에 있으며 부귀영화를 누렸고, 이런 부귀를 지키려고 오직 임금의 뜻에 맞추려고만 하고 진정 나라를 위한 계책은 내려고 하지 않았다. 이를 '봉영상의(奉迎上意)'라 한다. 봉영민의(奉迎民意)는 충(忠)이지만 백성들의 근심은 아랑곳하지 않고 봉영상의만 해대면 간(奸)이다.

그래서 당나라 위징(魏徵)은 일찍이 이 두 사람을 묶어 '양나라 무제는 주이를 지나치게 믿다가 대성(臺城)의 모욕을 당하게 되었고, 수양제는 우세기를 지나치게 믿다가 강도(江都)의 화를 당한 것이다'라고 평한 바 있다.

3. 광해군을 패망의 늪에 빠뜨린 간신

조선의 참신을 살피려 할 경우에는 연산군보다는 광해군 때가 더 중요하다. 연산군은 스스로 파멸의 길을 걸어간 임금이라 따로 논할 필요가 없다. 광해군처럼 중간은 넘는 자질로 나름대로 잘 해보려 하면서도 결국은 참신의 농간에 놀아나다가 권좌에서 굴러 떨어진 임금이라야 간신술의 위험성을 단번에 볼 수 있기 때문이다.

간신들은 일반적으로 주군의 속뜻을 살피는 데 탁월하다. 그것을 미지(微旨)라고도 하고, 의중(意中)이라고도 하고, 은미(隱微)

라고도 한다. 임금과 간신의 만남은 바로 이 지점이기 때문에 임금이 강명하여 뜻을 굳게 하고 눈 밝게 사람을 알아볼 경우에는 간신은 애당초 생겨날 수가 없다.

광해군과 간신 이이첨(李爾瞻, 1560년~1623년)의 만남이 전형적이다. 이이첨은 선조가 말년에 영창대군에게 왕위를 전하려 하자 정인홍(鄭仁弘)과 함께 목숨을 걸고 광해군이 뒤를 이어야 한다고 했다가 먼 곳으로 유배를 가게 되었는데, 그 직후 선조가 세상을 떠나고 광해군이 왕위에 오르면서 탄탄대로를 걷게 되었다.

이이첨은 선조 28년(1594년) 문과에 을과로 급제하여 전적(典籍)에 승진한 뒤 사가독서(賜暇讀書)[17]를 했다. 1599년 이조정랑이 되고, 1608년 문과 중시에 장원했다. 이때 선조의 후사 문제로 대북, 소북이 대립하자 대북의 영수로 정인홍과 함께 광해군의 옹립을 주장하면서 당시 선조의 뜻을 받들어 영창대군을 옹립하려는 유영경(柳永慶) 등 소북을 논박했다.

이로 인해 선조의 노여움을 사서 갑산에 유배당했다가 이해 2월 선조가 갑자기 죽고 광해군이 즉위하면서 일약 예조판서에 올랐다. 이어 대제학을 겸임하고 광창부원군(廣昌府院君)에 봉해졌다.

---

17. 유능한 젊은 관료들에게 휴가를 주어 독서에 전념하게 한 제도이다.

권세를 장악한 이이첨은 정인홍과 함께 심복들을 끌어들여 대북의 세력을 강화하는 한편 임해군(臨海君) 이진(李珒)과 유영경(柳永慶)을 사사하는 등 소북 일파를 숙청했다.

광해군 4년(1612년) 김직재(金直哉)의 무옥(誣獄)을 일으켜 선조의 손자 진릉군(晉陵君) 이태경(李泰慶) 등을 죽였다. 이듬해 강도죄로 잡힌 박응서(朴應犀) 등을 사주하여 영창대군을 옹립하려 했다고 무고하게 하여 영창대군을 서인(庶人)으로 떨어뜨려 강화에 안치시키고 김제남(金悌男) 등을 사사시켰다.

그리고 이듬해에 영창대군을 살해하고, 1617년 인목대비(仁穆大妃)의 폐모론을 발의해 이듬해 대비를 서궁(西宮, 경운궁, 곧 지금의 덕수궁)에 유폐하는 등 생살치폐(生殺置廢)를 자기들 멋대로 자행했다. 그러나 이이첨은 1623년 인조반정으로 광해군이 폐위되자 가족을 이끌고 영남 지방으로 도망가던 중 광주의 이보현(利甫峴)을 넘다가 관군에게 잡혀 참형되었다. 아들 이원엽(李元燁), 이홍엽(李弘燁), 이대엽(李大燁) 삼형제도 함께 처형되었다.

직선적 성품의 정인홍과는 달리 이이첨은 일마다 광해군의 미지를 알아내어 비위를 맞췄다. 그러나 여기에만 그쳤다면 3류 아첨꾼에 머물렀겠지만 이이첨은 광해군의 마음 깊은 곳에 있는 약점, 즉 정통성 불안 심리를 흔드는 데 탁월했고 임금에 버금가는 권력을 휘둘렀다.

의심 많은 군주는 간신의 밥이 되기 마련이다. 광해군이 친형 임해군을 죽이고 동생 영창대군 또한 죽인 다음 인목대비를 서궁에 유폐시키는 데 있어 이이첨을 빼고서는 설명이 안 된다. 광해군이 온건책을 낼 때마다 이이첨이 초강경책으로 맞서 끝까지 관철할 수 있었던 것도 실은 광해군의 불안감을 교묘하게 조장했기 때문이다.

조정에 이이첨이 있는 것은 알아도 임금이 있는 것은 모른다는 말이 공공연히 나돌았다. 그러나 소북 세력은 물론이고 서인과 남인을 모두 적으로 돌린 채 대북 세상을 만들었다고 큰소리쳤던 대간(大奸) 이이첨은 자기 임금을 지켜주지 못했음은 물론, 1623년 인조반정이 일어나자 아들들과 함께 비명횡사했다.

정인홍은 그나마 강직함으로 인해 혹평을 면했지만 비슷하면서도 다른 길을 걸은 이이첨은 지금도 대간이라는 비판을 면할 길이 없었다.

4. 임금을 쥐락펴락한 최고 권력자

김자점(金自點)이라는 인물을 탐색하기에 앞서 《주역》 이야기를 잠깐 하고자 한다. 천수송(天水訟) 괘(☰ ☵)의 맨 위에 있는 붙은 효, 상구(上九)에 내해 주나라 주공은 이렇게 말을 달았다.

或錫之鞶帶 終朝三褫之(혹석지반대 종조삼치지)
상구는 혹 큰 띠를 하사받아도 하루아침이 끝나기도 전에 세 번이나 빼앗긴다.

이것만 봐서는 무슨 말인지 알 수가 없다. 공자의 도움을 받아야 한다.

以訟受服 亦不足敬也(이송수복 역부족경야)
상구는 다툼으로 인해 관복을 얻게 된다 하더라도 이는 진실로 공경할 만한 사람이 아니다.

상구는 양강(陽剛)으로 송괘(訟卦)의 극에 있으니, 이는 끝까지 다툼을 한다는 뜻이다. 그리고 다툼에서 이기고. 그러니 명으로 관복을 받게 된다는 것이다. 그러나 이렇게 해서는 결국 다시 빼앗기고 만다. 재앙이 정신없이 찾아오게 될 것이라는 말이다.

송괘 상구의 이치를 이해하는 데는 조선시대 당쟁만큼 적확한 사례를 찾기가 어려울 것이다. 그중에서도 김자점(1588년~1651년)이 정확히 이에 해당하는 인물이다. 필자의 주관적 평가를 배제하기 위해《한국민족문화대백과》의 정보를 기반으로 약간 손을 보았다.

서인의 원조 중 한 사람인 성혼(成渾)은 백인걸(白人傑)에게 《상서(尙書)》를 배웠으며 당시 같은 고을에 살던 이이(李珥), 송익필(宋翼弼)과 도의지교를 맺었다. 선조 초년에 학행으로 천거되어 참봉, 현감 등을 제수 받았으나 출사하지 않고 파주에서 학문에 전념했다. 동서분당기에는 이이, 정철(鄭澈) 등 서인과 정치노선을 함께했다.

1589년 기축옥사(己丑獄事)로 서인이 정권을 잡자 이조참판에 등용되었으며 이때 북인 최영경(崔永慶)의 옥사 문제로 정인홍 등 북인의 강렬한 비난을 받았다. 1592년 임진왜란 중에는 세자의 부름으로 우참찬이 되었으며 1594년 좌참찬으로서 영의정 유성룡(柳成龍)과 함께 주화론을 주장했다. 그의 학문 경향은 이이와 1572년부터 6년간에 걸쳐 사칠이기설(四七理氣說)을 논한 왕복서신에 잘 나타나 있다.

이 서신에서 성혼은 이황의 이기호발설(理氣互發說)을 지지하고, 이이의 기발이승일도설(氣發理乘一途說)을 비판했다. 이이는 그의 학문을 평가하여 "의리상 분명한 것은 내가 훌륭하지만, 실천에 있어서는 그에 미치지 못한다"고 했으며 외손인 윤선거는 그가 학문에 있어서 하나하나 실천하는 점을 높이 평가했다.

성혼의 학문은 이이와 함께 서인의 학문적 원류를 형성했으며 문인으로는 조헌(趙憲), 황신(黃愼), 이귀(李貴), 정엽(鄭曄) 등이 있다. 그의 학문은 이황과 이이의 학문을 절충했다는 평가가 있으며 사위 윤황(尹煌), 외손 윤선거, 외증손 윤증에게 계승되면서 서인(西人) 소론의 중심 계보를 형성했다. 기축옥사에 관련된 연유로 삭직되었으나 1623년 인조반정 이후 복관되었다. 이후 좌의정에 추증, 1681년(숙종 7년)에 문묘에 배향되었다.

성혼의 문하생인 김자점은 문과가 아닌 음보(蔭補)로 벼슬길에 나서 병조좌랑에까지 이르렀으나 인목대비의 폐비 논의에 반대하는 등 광해군 때에 대북 세력에 맞서다가 정계에서 축출당했다.

애초에 최명길(崔鳴吉), 심기원(沈器遠) 등과 함께 사돈관계에 있는 이귀(李貴)를 중심으로 반정을 모의하던 중 광해군 14년(1622년) 김류(金瑬), 신경진(申景禛) 등과 연결되었다. 1623년 3월 군대를 모아 이귀, 김류, 이괄(李适) 등과 함께 홍제원(弘濟院)에서 궁궐로 진격해 들어가 반정을 성공시켰다.

김자점은 인조 즉위 후 박홍구(朴弘耈), 조정(趙挺) 등 광해군 때의 정승들이 인사권을 행사하려는 것을 막고 이귀가 주로 인사를 담당할 수 있게 했다. 김자점은 반정 직후 호위대장이 된 신경진 휘하의 종사관(從事官)으로 임명되었다가 호조좌랑을 거쳐 동부승지로 승진했다. 같은 해 반정 공신인 정사공신(靖社功臣) 1등에 녹훈되었다. 공신 녹훈을 전후해서 반정의 두 주역인 김류와 이귀가 서로 대립하자 이후 김류 쪽에 가담했다.

인조 2년(1624년) 이괄이 반란을 일으켰을 때, 옥에 있던 기자헌(奇自獻) 등 40여 인의 인사들을 만일의 사태에 대비해 죽이자고 주장했다. 1627년 1월 정묘호란이 일어나자 강화도로 인조를 호종했고 순검사(巡檢事), 임진수어사(臨津守禦使)에 임명되었다. 1630년 한성부 판윤을 거쳐 1633년 도원수가 되었다.

1636년 청나라의 움직임에 대비할 목적으로 평안도에 파견되어 수비 체계를 바꾸는 등의 작업을 했다. 그러나 병자호란이 일어나자 적절히 대처하지 못하고 토산(兎山)에서 크게 패했다. 이듬해 전쟁이 끝난 직후 패전에 대한 도원수로서의 책임을 지고 먼 섬으로 유배되었다. 그 후 공신 세력의 권력 추구와 패전에 대해 심한 공격을 하는 일반 사류들에 의해 계속 많은 비난을 받았다.

그러나 반청론자(反淸論者)들에게 염증을 느낀 인조의 후원으로 1639년에 고향으로 풀려나고, 이듬해에는 강화부윤 호위대장에 임명되었다. 이후 김류와의 제휴를 바탕으로 1642년 병조판서, 1643년 판의금부사를 거쳐 같은 해 우의정 및 어영청 도제조에 오르고, 진하 겸 사은사로 중국에 다녀왔다. 1644년에는 경쟁세력인 심기원 등을 역모 혐의로 도태시키고 낙흥부원군(洛興府院君)에 봉해졌으며 사은 겸 주청사로 청나라에 다녀왔다.

그 뒤 심자섬은 대부분의 공신 세력가들이 죽거나 은퇴하고 일반 반청 사류들은 인조에 의해 거부되는 상황 속에서 1646년 좌

의정을 거쳐 영의정에 올라 최고의 권력을 장악했다. 1645년에
는 숙원 조씨(淑媛 趙氏)와 결탁해 인조의 의구심을 받던 소현세
자를 죽이는 데 가담한 듯하다.

이듬해에는 세자빈 강씨(姜氏)에게 인조 시해 혐의를 씌워 사
사하게 한 뒤 소현세자의 아들들을 축출하고 강빈의 형제들을 제
거했다. 또 인조와 조씨의 소생인 효명옹주(孝明翁主)와 자신의
손자인 김세룡(金世龍)을 혼인시켜 궁중과 유착했다.

한편으로 청나라 사신이나 역관 정명수(鄭命壽) 무리들과 결탁
해 청나라의 후원을 얻어 권력의 기반을 삼았다. 1646년 청나라
가 포로였던 임경업(林慶業)을 보내오자 고문으로 죽게 했다. 인
조 말년에는 신면(申冕) 등을 무리로 거느려 낙당(洛黨, 서인 세력
의 한 분파)이라고 지목되었으며 원두표(元斗杓)를 중심으로 한 원
당(原黨)의 무리와 대립했다.

1649년 거의 유일한 후원자인 인조가 죽자 새로 즉위한 효종
은 즉시 김집(金集), 송시열(宋時烈), 권시(權諰), 이유태(李惟泰),
김상헌(金尙憲) 등을 불러들였고, 이들의 공격에 의해 김자점은
효종 1년(1650년) 홍천에 유배당했다. 그곳에서 역관인 심복 이
형장(李馨長)을 시켜 청나라에 새 왕이 옛 신하들을 몰아내고 청
나라를 치려 한다고 고발하고, 그 증거로 청나라의 연호를 쓰지

않은 장릉지문(長陵誌文)을 보냈다.

청나라가 즉시 군대와 사신을 파견해 조사했으나 이경석(李景奭), 이시백(李時白), 원두표 등의 활약으로 그 기도는 실패하고 광양으로 유배되었다. 1651년에 손부인 효명옹주의 저주 사건이 문제되고 아들 김익(金釴)이 수어청 군사와 수원 군대를 동원해 원두표, 김집, 송시열, 송준길(宋浚吉)을 제거하고 인조의 다섯째 아들 숭선군(崇善君)을 추대하려는 역모가 폭로되어 아들과 함께 복주(伏誅)당했다.

제6장

✽

유신
諛臣

아첨으로 자기 이익만
추구하는 간신들

1. 소인과 간신은 구차한 길을 간다

일반적으로 영신(佞臣)과 유신(諛臣)은 거의 흡사하다. 다만 이 책에서는 영신을 조금 더 부정적 의미에서 임금의 눈과 귀를 의도적으로 가리려는 신하라는 의미로 썼고, 유신은 그저 임금의 속뜻만 맞추려 하고 다른 뜻은 없는 신하들을 모았다. 어떤 의미에서는 유신이 순수하다고도 할 수 있고 수준이 낮다고도 할 수 있다. 그래서 역사서에서는 이들을 폐행(嬖幸)이라고 불렀다.

《고려사》도 〈간신전〉과는 별도로 〈폐행전〉을 두어 이들을 따로 정리했다. 그 머리말에 폐행, 혹은 유신에 대한 정의가 잘 나와 있다.

예로부터 소인들은 임금이 좋아하는 바를 엿보아 비위를 맞추어주고 그것을 조장했다. 혹은 아첨으로, 혹은 음악과 여색으로, 혹은 사냥으로, 혹은 가렴주구로, 혹은 화려한 궁전과 누각으로, 혹은 기예나 술법으로 모두 다 임금이 좋아하는 바를 뜻 맞추어 줌으로써 자기 목적을 추구한 것이다.

이들은 대체로 다른 사람을 해치지도 않고 임금의 눈과 귀를 가리려 하지도 않는다. 그저 임금을 기쁘게 해주는 것에만 온 힘을 다 쏟아 총애를 받는 자들이다. 유신의 아첨에도 종류가 많아, 이와 관련된 사자성어도 수없이 많다. 그중 몇 가지만 살펴보자.

- 의아취용(依阿取容) – 아첨에 기대어 윗사람의 용납을 받아내려 한다는 말이다. 구차스럽게 용납을 받아내려 한다는 점에서 구용(苟容)이라고도 한다.
- 아유봉승(阿諛奉承) – 아첨을 하며 윗사람을 받들기만 한다는 뜻이다. 곡의봉영(曲意逢迎)도 비슷한 뜻이다.
- 요미걸련(搖尾乞憐) – 개처럼 꼬리를 흔들어 연민의 정을 불러일으키려 한다는 뜻이다.
- 승영구구(蠅營狗苟) – 쉬파리처럼 앵앵거리고 개처럼 구차스럽다는 말로, 원래 《시경》에 나오는 시 〈청승(靑蠅)〉에 당나라 문인 한유가 '구구'를 추가했다.

여기서 눈길이 가는 글자가 하나 있다. 구차스럽다는 뜻의 '구 (苟)'다. 군자는 마땅한 길을 걸어간다면 소인이나 유신은 구차한 길을 걸어간다는 뜻이다.

2. 종기를 빨고 치질을 핥아주다

다음은 반고의 《한서》〈등통전(鄧通傳)〉이 전하는 그의 생애다. 등 통은 한나라 문제(文帝)의 총애를 받던 신하이다.

> 등통은 촉군(蜀郡) 남안(南安) 사람으로 배를 잘 저어 황두랑 (黃頭郎, 뱃사공)이 되었다. 문제가 일찍이 꿈에서 하늘에 오 르려다가 오르지 못하고 있는데, 한 황두랑이 뒤를 밀어주어 하늘에 올라갔다. 뒤를 돌아보니 황두랑의 옷에 등 뒤로 띠를 맨 곳의 옷솔기가 터져 있었다. 잠에서 깬 뒤 점대(漸臺)로 가 서 꿈속에서처럼 밀어준 황두랑을 은밀히 찾다가 등통을 보 니 그의 옷의 등 뒤가 터진 것이 꿈에서 본 것과 같았다.
> 그를 불러 성과 이름을 물었더니 성은 등, 이름은 통이라 했 다. 문제는 아주 기뻐했고 총애하니 하루하루가 달랐다. 등통 역시 삼가며 신중한 데다 밖에 나가 사람 사귀는 것도 좋아하 지 않았고, 휴가를 주어도 밖으로 나가려 하지 않았다. 이에 문제는 억만 전을 내린 것이 10여 차례였고 벼슬은 상대부(上

大夫)에 이르렀다.

문제는 종종 그의 집에 가서 놀았는데, 그러나 등통에게는 별다른 재능이 없었고 인재를 추천할 수도 없었으며 오로지 자기 한 몸 근신하며 문제의 비위를 맞출 뿐이었다. 관상 잘 보는 사람에게 통의 관상을 보게 했더니 이렇게 말했다.

"가난해져서 굶어죽을 상입니다."

문제가 말했다.

"그를 부유하게 만들어줄 수 있는 내가 있거늘 어찌 가난해진다 하는가?"

이에 등통에게 촉군 엄도(嚴道)의 구리 광산을 주어 자기 돈을 주조할 수 있게 해주었다. 등씨전(鄧氏錢)이 천하에 퍼졌으니 그의 부유함이 이런 정도였다. 어느 날, 문제가 일찍이 종기를 앓은 적이 있는데 등통은 늘 그를 위해 고름을 빨아냈다. 문제는 마음이 편치 않아 조용히 등통에게 물었다.

"천하에서 누가 나를 가장 사랑하느냐?"

등통이 말했다.

"마땅히 태자를 따를 사람이 없지요."

태자가 문병을 오자, 문제는 태자에게 종기를 빨라고 시켰다. 태자는 종기를 빨기는 했으나 난처해했다. 얼마 뒤에 태자는 등통이 늘 황제를 위해 고름을 빨아낸다는 말을 듣고 마음속으로 부끄러워했지만, 이 때문에 그를 원망했다.

문제가 붕(崩)하고 경제(景帝)가 들어서자, 등통은 벼슬을 그만두고 집에 있게 되었다. 얼마 안 가서 누군가가 등통이 몰래 국경 밖으로 그가 주조한 돈을 실어내고 있다고 고발했다. 관리에게 넘겨 조사를 하게 하니 그런 일이 제법 많아 마침내 죄를 물어 등통의 재산을 모조리 몰수하고 수만금의 빚을 지게 만들었다.

장공주(長公主)가 등통에게 재물을 내렸으나 관리가 그때마다 재빨리 그것을 몰수했기 때문에 등통은 비녀 하나조차 몸에 지닐 수 없었다. 이에 장공주는 빌려준다는 명목으로 등통에게 입을 것과 먹을 것을 보내주었다. 그러나 등통은 끝내 단 한 푼의 돈도 없이 남의 집에 빌붙어 살다가 죽었다.

그 후 주희는 오로지 아첨을 위해 무슨 짓이든 다 하는 사람을 '연옹지치(吮癰舐痔)'라 했다. 윗사람의 마음에 들기 위해 종기를 빨고 치질을 핥아준다는 뜻이다. 원래 이 말은《장자(莊子)》〈열어구(列禦寇)〉편에 나오는 말이다.

중국 송나라 사람 중에 조상(曹商)이란 자가 있었는데, 왕명을 받아 진(秦)나라에 사신으로 가게 되었다. 떠날 적에는 송나라 왕에게서 몇 대의 수레를 얻었을 뿐인데, 진나라 왕이 그를 좋아하여 수레 100대를 내려주었다. 귀국 후 조상은 장자를 만나보고는 다음과 같이 말했다.

"가난한 시골 마을의 비좁고 지저분한 뒷골목에서 살면서 짚신을 삼아 겨우 입에 풀칠하고, 비쩍 마른 목에 누렇게 뜬 얼굴을 하고 사는 것은 내가 잘하지 못하는 일이네. 그러나 한 번 만승(萬乘) 대국의 군주를 깨닫게 해서 나를 따르는 수레가 100대나 되게 하는 것은 내가 잘하는 일이라네."

장자가 말했다.

"진나라 왕이 병이 나서 의사를 부를 때 종기를 터뜨리고 부스럼을 없애주는 자는 수레 한 대를 얻고, 치질을 핥아서 치료해준 자는 수레 다섯 대를 얻는다고 하더군. 치료해준 부위가 밑으로 내려갈수록 수레를 더욱 많이 얻은 것이니, 그대는 진나라 왕의 치질 치료를 해주었단 말인가? 얼마나 했으면 수레를 그렇게 많이 얻었단 말인가? 그만하고 물러가시게!"

3. 권력의 꼭대기에서 바닥으로 곤두박질치다

다음은 반고의 《한서》〈동현전(董賢傳)〉이 전하는 이야기다. 동현은 자(字)가 성경(聖卿)으로 운양현(雲陽縣) 사람이다. 아버지 공(恭)이 어사로 있을 때, 동현을 보증해서 태자의 사인(舍人)으로 삼았다.

그러다 태자였던 애제(哀帝)가 즉위하자, 동현은 태자의 관직을 따라 그대로 옮겨 낭(郎)이 되었다. 2년여 뒤에 동현은 진나라의 시계인 전루(傳漏)를 맡아 대전 아래에서 시각을 보고하는 일을 맡았는데, 잘생긴 외모에 얼굴에는 늘 웃음기가 있어 애제는 멀리서 보고서도 동현임을 알아보고는 그에게 물었다.

"사인이던 동현인가?"

그로 인해 위로 불러서 만나 이야기를 해보고는 제배해 황문랑(黃門郎)으로 삼았고, 이때부터 총애가 시작되었다. 그의 아버지가 운중후(雲中侯)임을 물어서 알고서는 그날로 불러서 제배해 패릉현령(霸陵縣令)으로 삼았다가 바로 광록대부로 승진시켰다.

이후 동현에 대한 총애는 날로 심해져 부마도위 겸 시중으로 삼아 궐 밖을 나설 때는 참승(參乘)[18]하고, 들어와서는 좌우에서 시중을 드는데 열흘, 혹은 한 달 사이에 상으로 받은 것이 거만(鉅萬)이었고 귀하게 대우받는 것은 조정을 흔들 정도였다.

한번은 낮잠을 자며 임금의 소매를 베고 잠이 들었는데, 임금이 일어나려 했으나 동현은 아직 자고 있어 그를 깨우지 않으려고 옷소매를 자르고 일어났다. 그 은애(恩愛)가 이 정도였다.

동현 또한 그 성품이 부드럽고 화합해서 남의 비위를 잘 맞추

---

18. 황제가 수레에 오르면 그 옆에 함께 올라 시종하는 일이다.

어 아첨을 잘하니 지위를 굳건히 했다. 매번 휴가 때도 대궐 밖으로 나가지 않고 항상 궁중에 머물면서 임금의 의약(醫藥)을 챙겼다. 임금은 동현을 보낼 수 없어 동현의 처를 데려다가 그의 임시 거처에 머물게 했는데, 이로 말미암아 다른 관리들의 아내도 관사에 머물 수 있었다.

또 동현의 여동생을 불러 소의(昭儀)로 삼았는데 지위는 황후 다음이었고, 그 거처를 초풍(椒風)이라 해서 황후의 초방(椒房)과 비슷하게 했다. 소의와 동현과 동현의 아내가 아침부터 저녁까지 임금의 좌우에서 시중을 들었다.

소의와 동현의 아내에게 내려주는 재물도 천만으로 세어야 할 정도였다. 동현의 아버지를 소부(少府)로 승진시켰고, 관내후의 작위와 식읍을 내려주었으며 다시 위위(衛尉)로 삼았다. 또 동현의 장인을 장작대장(將作大匠)으로 삼았고, 그의 처남은 집금오(執金吾)가 되었다.

장작대장에게 조서를 내려 북궐 아래에 동현을 위해 큰 저택을 지어주도록 했는데, 전후 전각에 여러 겹의 문을 만들고 토목공사도 극도로 화려해서 기둥이나 난간을 모두 비단으로 감쌌다.

또한 어린 하인들에게도 상사를 내려주고, 무기고의 좋은 병기나 상방(上房)의 진귀한 보물도 내려주었다. 그동안 황궁에 올라

온 물건 가운데 최고의 것들은 다 동씨의 집에 있었고, 타고 다니는 마차나 입고 다니는 옷은 황제에 버금갔다.

그리고 동원(東園)에서 제조한 관곽이나 구슬 옷이나 구슬 상자 등도 미리 동현을 위한 무덤을 의릉(義陵, 미리 축조한 애제의 능) 곁에 축조하게 하면서 내부에는 편방을 짓고 단단한 송백나무를 쌓아 올렸으며, 외부에는 길을 만들고 몇 리에 걸친 담장을 두르고 궐문을 정면에 쌓은 담 등은 대단히 화려했다.

애제는 동현을 후(侯)에 봉하고 싶었으나 그럴 만한 근거가 없었다. 마침 대조 손총(孫寵)과 식부궁(息夫躬) 등이 동평왕(東平王) 운(雲)이 제사를 지내 천자를 저주했다고 고발하니 유사에 내려 다스리게 했고 모두 그 죄에 엎어졌다.

애제는 이에 식부궁과 손총이 동현을 통해 동평의 일을 고했다고 하면서 동현을 봉해 고안후(高安侯)로 삼고, 아버지 궁은 의릉후(宜陵侯), 손총은 방양후(方陽侯)로 삼고서 각각 식읍 1천 호를 내려주었다.

얼마 뒤에 다시 동현에게 2천 호를 더 봉해주었다. 승상 왕가(王嘉)는 내심 동평왕의 옥사가 억울하게 조작된 것이라 의심해 여러 차례 간쟁을 했는데, 이에 동현은 나라의 제도를 어지럽힌다고 보았다. 왕가는 결국 언사(言事)에 걸려 옥에 내려져 죽었다.

애제가 처음 즉위했을 때 할머니 부(傅)태후와 어머니 정(丁)태후는 모두 살아 있었고, 두 집안은 이미 먼저 귀해져 있었다. 부태후의 사촌동생 희(喜)는 대사마가 되어 정사를 보필했는데 여러 차례 간언을 올려 태후의 뜻에 거슬리는 바람에 면관되었다.

임금의 외삼촌인 정명(丁明)이 대사마가 되어 또한 직임을 수행하면서 동현에 대한 총애를 자못 해롭다고 여겼으며, 승상 왕가가 죽게 되자 그것을 매우 안타깝게 생각했다. 정명은 정관(丁寬)의 현손으로, 누이가 정도공왕(定陶共王)의 희(姬)가 되어 애제를 낳았다.

애제가 즉위하자 정명은 황제의 숙부로 양안후(陽安侯)에 봉해졌다. 건평(建平) 2년(기원전 5년) 대사마 위장군(大司馬 衛將軍)이 되었다가 원수(元壽) 원년(기원전 2년) 다시 대사마 표기대장군에 올랐다. 나중에 승상 왕가가 애제가 동현에게 봉호를 더하려는 것을 막으려고 간하다 투옥되어 죽자, 동현이 그 자리에 대신 올랐다가 왕망(王莽)이 정권을 잡은 뒤 피살당했다.

애제는 점점 동현을 중하게 여겨 그 지위를 높이고 싶어 했기 때문에 정명이 이처럼 하는 것을 한스러워해 드디어 책서를 내려 정명을 면직하며 말했다.

"전에 동평왕 운이 임금의 자리를 탐내면서 제사를 지내 저주

했고, 운의 처의 외숙인 오굉(伍宏)이 의원으로 대조(待詔)가 되어 교비서랑(校秘書郞)인 양굉(楊閎)과 모의해서 반역을 일으키니 그 화(禍)가 매우 긴박했다. 종묘와 신령에 힘입어 동현 등이 그것을 보고해 모두 그 죄에 엎어졌다.

장군의 사촌동생인 봉거도위 정오(丁吳)와 족부인 좌조 둔기교위(屯騎校尉) 정선(丁宣)은 모두 양굉과 허단(栩丹)을 알고 제후의 왕후와 가까웠는데, 정선은 허단을 속관으로 등용될 수 있게 했으며, 정오와 양굉은 서로 왕래하며 매우 가까웠고 여러 차례 양굉을 칭송하며 천거했다. 이에 양굉은 정오에 붙어 그의 악한 심성을 부추겼고, 의료 기술로 측근이 되어 사직을 위기에 빠트렸으나 짐은 공(恭)황후가 계시기에 차마 말을 할 수가 없었다.

장군은 높은 지위와 무거운 임무를 갖고서도 권위에 맞는 의견을 내지 못하고 작은 일이나 아직 일어나지도 않은 걱정이나 하며 정작 유운과 오굉의 악행을 알지 못했다. 또 윗사람을 비난하는 마음을 가지고 정선과 정오와 한 편이 되어 오히려 유운 등을 칭송해 백성들의 원망을 부풀리고 오굉 등을 유능한 의원이라고 칭찬하면서 직접 알현케 했으니 죽음도 아까우나 현 등이 이를 고발해 책봉된 것은 천만 다행한 일이다.

충량한 사람을 질시하고 공로가 있는 사람을 비난하며 헐뜯으니 참으로 가슴 아프도다! 대개 '임금이 친애하면 반역하는 마음이 없어야 하고, 반역하는 마음이 있으면 주살해야 한다'고 했다.

이 때문에 계우(季友)가 숙아(叔牙)를 독살한 것을 《춘추》에서
는 잘한 일이라고 했지만 조순(趙盾)이 난적을 토벌하지 않자 조
순이 주군을 시해했다고 적었다.

짐은 장군이 중형을 받는 것이 안타까워 이렇게 글로써 거듭
일깨워주노라. 장군이 잘못을 고치겠지만 승상 왕가와 아주 가까
웠기에 왕가가 의지했었고, 결과적으로 주군을 기만했다. 유사에
서는 장군을 옥에 가둬 죄를 다스려야 한다고 했지만 짐은 가까
운 족친(族親)이라 차마 그렇게 할 수 없었으니 표기 장군의 인끈
을 반환하고 집으로 돌아가기를 바라노라."

드디어 동현으로 하여금 정명을 대신해 대사마 및 위장군(衛將
軍)으로 삼으며 책서를 내려 말했다.

"짐은 하늘의 차례를 이어 옛일을 상고해 너를 세워 공으로 삼
아 한나라를 보필하게 한다. 너는 마음을 다해 대군의 우두머리
로서 통솔하고, 적을 막아 변방을 편안케 할 것이며 모든 국사를
바로잡아 진실로 그 적중함을 쥐도록 하라.[19] 천하의 백성들은 짐
의 통제를 받고 있어 이에 명하노니 대군의 위엄을 보이되 삼가

---

19. 요임금이 순임금에게 제위를 넘겨주면서 했던 말로,《서경》에 실려 있다.

지 않을 수 있으랴."

이때 동현의 나이 22세로, 비록 삼공이 되었다고는 하나 늘 궁궐 안에서 일을 맡아 상서(尙書)의 일을 관장하니 백관들은 반드시 동현을 통해 임금에게 일을 보고했다.

동현의 아버지 공(恭)은 공경의 자리에 있을 수가 없어 옮겨서 광록대부로 삼았는데 작질(爵秩, 작위와 녹봉)은 중(中) 2천 석이었다. 동생 관신(寬信)은 동현을 대신해 부마도위가 되었다. 동씨(董氏) 친속들은 모두 시중이나 제조(諸曹), 봉조청(奉朝請)이 되었는데 그 총애가 황태후 집안인 정씨나 부씨보다 위였다.

이듬해 흉노의 선우(單于)가 내조했는데, 애제가 그들을 접견하고 연회를 베풀 때 여러 신하들이 앞에 있었다. 선우는 동현의 나이가 어린 것을 이상하게 여겨 통역을 통해 물으니 애제는 통역을 시켜 이렇게 말했다.

"대사마가 나이는 어리지만 크게 뛰어나기에 그 자리에 있는 것이오."

선우는 마침내 일어나 한나라가 뛰어난 신하를 얻게 된 것에 대해 축하 인사를 했다. 애초에 승상 공광(孔光)이 어사대부로 있을 때 당시 동현의 아버지 공이 어사였기 때문에 공광을 섬겼다. 그런데 동현이 대사마가 되어 공광과 함께 나란히 삼공(三公)이 되자 애제는 일부러 동현을 공광보다 더 사사로이 챙겨주었다.

공광은 사람됨이 점잖고 공손하며 신중했다. 애제가 동현을 높여 더 총애하는 것을 알고서는 그가 찾아온다는 말을 들으면 공광은 의관을 정제하고 문 밖에 나가 기다렸다가 멀리서 동현의 수레가 오고 있는 것을 보고 나서야 일단 문 안으로 들어왔다.

동현이 중문에 이르면 공광은 합문으로 들어갔고 동현이 수레에서 내리고 나면 마침내 나와서 배알했는데 맞이하고 보내는 예가 매우 엄숙해 감히 빈객에 대한 대등한 예로 맞지 않았다. 동현이 돌아가면 애제는 그 소식을 듣고 기뻐해 공광의 두 조카를 세워 간대부 상시(常侍)로 삼았다. 동현은 이를 보더라도 권력이 임금과 거의 대등했다.

이때 성제(成帝)의 외가인 왕씨는 쇠퇴했는데, 오직 평아후(平阿侯) 담(譚)의 아들 거질(去疾)만은 애제가 태자였을 때 서자(庶子, 관직명)로서 총애를 받았기에 즉위하게 되자 시중 기도위(騎都尉)가 될 수 있었다. 애제는 왕씨 중에 높은 자리에 있는 사람이 없다는 섯을 알고서 드디어 구은(舊恩)이 있는 거질을 가까이에 두었고, 또 그의 동생 굉(閎)도 불러 중상시(中常侍)로 삼았다.

굉의 장인 소함(蕭咸)은 전 장군 소망지의 아들로 오랫동안 군수로 있다가 병으로 면직되었는데, 다시 중랑장(中郎將)으로 삼았다. 거질과 굉 형제가 나란히 고위직에 오르자 동현의 아버지 공은 결혼을 통해 그들과 인척을 맺고자 했다. 굉은 동현의 동생인 부마도위 관신(寬信)이 소함의 딸을 아내로 맞이하려 하자, 소함은 황공해하면서 감히 그럴 수가 없다며 몰래 사위인 굉에게 말했다.

"동공(董公)이 대사마가 될 때 그 책서에 '진실로 그 적중함을 쥐도록 하라'라고 했는데, 이는 요임금이 순임금에게 선위할 때의 글이지 삼공의 고사가 아니며 이를 본 장로들 중에 두려워하지 않는 사람이 없었다. 이런 일을 어찌 보통 사람의 자제가 감당하겠는가?"

굉은 천성적으로 지략이 있는 사람이라 소함의 말을 듣고서 마음속으로 역시 깨달았다. 이에 돌아가서 공에게 답해 소함이 말했던 것에 대해 스스로 겸양하는 뜻을 깊이 전달했다. 공이 탄식하며 말했다.

"우리 집안이 어쩌다 이렇게 천하와 등을 져서 사람들이 이처럼 두려워하게 되었는가!"

이러며 속으로 불쾌해했다.

뒤에 애제가 기린전(麒麟殿)에서 술자리를 열었는데, 동현의 부자와 친족들이 연회에서 술을 마쳤고 왕굉의 형제인 시중 중상시도 모두 곁에 있었다. 애제가 취기가 올라오자 조용히 동현을 보며 웃으면서 말했다.

"내가 요임금이 순임금에게 선양한 것을 본뜬다면 어떠하겠는가?"

왕굉이 나아가 말했다.

"천하는 곧 고황제의 천하이지 폐하의 것이 아닙니다. 폐하께서는 종묘를 이어받아 마땅히 자손에게 무궁토록 전하셔야 할 것입니다. 천하를 계승하는 일은 너무나도 중한 일인지라 천자라도 농담을 하시면 안 됩니다."

애제는 아무 말도 안했지만 기뻐하지 않으니 좌우에 있던 사람들이 모두 두려워했다. 이에 왕굉을 내보냈는데, 그 후로 다시는 연회에서 시중을 들 수 없었다.

동현의 저택이 새롭게 준공되었는데 공사가 아주 튼튼했음에도 불구하고 그 바깥 대문이 아무런 까닭도 없이 스스로 무너지자 동현은 마음으로 불안했다. 여러 달 뒤에 애제가 붕하니, 태황태후는 대사마 동현을 불러 동상(東廂)에서 만나보고는 장례 준비에 대해 물었다. 동현은 내심 걱정이 많아 제대로 답할 수가 없어 관을 벗고 사죄했다. 태후가 말했다.

"신도후 망(莽)은 전에 대사마로서 선제의 대행(大行, 시신)을 운구한 경험이 있고 고사에 밝으니 내가 망으로 하여금 그대로 돕도록 하겠소."

동현은 머리를 조아리며 감사의 절을 올렸다. 태후가 사자를 보내 망을 불렀다. 그가 도착하자, 망은 태후의 뜻에 의거해 상서로 하여금 동현이 애제의 병을 친히 챙기지 않았다고 탄핵하며, 동시에 동현이 궁전 사마 집무실에 출입하는 것을 금지시켰다.

동현은 어찌해야 할 바를 몰라 궁궐에 이르러 관을 벗고서 맨발로 사죄했다. 망은 알자(謁者, 윗사람에게 알현을 청하는 사람)를 시켜 태후의 조서를 가지고 궐문 앞으로 가서 동현에게 말했다.

"얼마 전부터 음양이 순조롭지 못하고 여러 재이(災異)가 한꺼번에 닥쳐 백성들이 그 피해를 당했다. 대개 삼공이란 정족(鼎足)으로 보필하는 자리인데, 고안후 동현은 사리를 알지도 못하면서 대사마가 되었고 민심에 부합하지 못한 채 외적을 막아내거나 변방을 편안하게 하지도 못했다. 이에 대사마의 인끈을 회수하고 파직하니 집으로 돌아가라."

바로 그날 동현은 아내와 함께 자살했고, 가족들은 두려움에 떨며 한밤중에 장례를 치렀다.

4. 3대에 걸쳐 임금을 농락한 가문

임원준(任元濬), 임사홍(任士洪), 임광재(任光載)는 조선 역사에서 보기 드물게 보는 '유신 소인배 3대'이다. 먼저 임원준의 이력을 보자. 임원준은 1457년 중시에 합격하여 이조참의에 오르고 호조, 예조, 병조, 형조 등의 참판을 두루 지냈다. 성종 2년(1471년) 좌리공신 3등에 책훈되어 서하군에 봉해졌다. 의학에 정통했으나 약재 도난 사건에 연루되는 등 행실은 그리 좋지 못했다.

문제는 임원준의 아들 임사홍이다. 임사홍은 효령대군의 아들 보성군의 딸과 결혼해 왕실의 일원이 되었다. 성종 19년 9월, 인수대비가 중병이 들었을 때는 임사홍의 집에 가서 몸조리를 하기도 했다. 물론 아버지 임원준이 당대 최고의 의원으로 손꼽혔기 때문에 그의 치료를 받기 위함도 있었다.

임사홍의 큰아들 임광재는 예종의 딸 현숙공주(顯肅公主)와 결혼했고, 작은아들 임숭재는 성종의 딸 휘숙옹주(徽淑翁主)와 결혼해서 각각 풍천위(豊川尉)와 풍원위(豊原尉)에 봉해지게 된다. '위(尉)'란 부마라는 용어 대신 사용되는 사위라는 뜻이다. 성종은 이렇게 당대의 대표적인 간신 소인배 집안과 이중 삼중의 혼맥을 맺게 된다.

성종은 이러한 잘못된 결정으로 인해 결국 세상을 떠나는 그해, 즉 성종 25년 6월에 험한 꼴을 보게 된다. 임광재와 공주의 혼사만 없었어도 먼 종친의 문제로 끝날 수 있었다. 그러나 이 결혼으로 인해 아주 가까운 인척의 문제가 되어버린 추악한 사건이 발생한다. 6월 15일 풍천위 임광재에 관한 두 가지 보고가 한꺼번에 올라왔다.

1) 장원서(掌苑署)[20] 별좌 한우창에게 가섭이라는 여종이 있었다. 가섭은 아름답고 요염했다. 임광재가 장원서를 책임지는 제조가 되어 가섭을 보고서는 기뻐하며 관계를 가지려 했지만 가섭이 따르지 않았다. 그러자 임광재는 두 사람으로 하여금 양팔을 끼도록 하여 옷으로 가섭의 입을 막고서 강간했다.

2) 임광재가 술에 취해 민가에 투숙한 적이 있었다. 주인집 여인에게 물을 가져오게 하고는 관계를 가지려고 했으나 그 여인이 굳게 거절했다. 몸싸움을 하느라 서로 판자를 차서 소리가 밖에서도 들렸다.

나흘 후, 성종은 대사헌 정경조로부터 상세한 보고를 받고 이렇게 지시한다.

"임광재는 오로지 공주 때문에 지위가 극품(極品)에 이르렀는데도 방자하고 꺼리는 것이 없다. 그가 행한 일은 비록 평범한 백성이나 천부(賤夫, 천민)라도 차마 하지 못할 짓이다. 내가 이 일을 부끄러움 없이 말하지만, 마음속으로는 절실히 부끄러워한다. 경은 빨리 가서 그를 다스려라."

22일에는 성종이 또 하나의 사건을 입수해 사헌부에 수사 지시를

---

20. 장원서는 조선시대 궁중 정원의 꽃과 과일나무들의 관리를 맡아보던 관청이다.

내린다.

3) 임광재는 충청도 진천에 있는 양갓집의 딸을 첩으로 삼고
여주에 내려갈 때 불러서 만난다고 한다. 성종은 양첩이 누구
의 딸이고 어느 때에 첩을 삼았으며, 어느 곳에 두었는가를
당장 밝히라고 호통을 친다. 게다가 그때까지 임광재는 인수
대비를 믿었는지, 아니면 두려워서 그랬는지 대죄(待罪, 자수)
하지 않고 있었다. 게다가 그전에 성종이 직접 불러 여러 차
례 그와 관련된 질문들을 했을 때 딱 잡아뗐다.

그런데 이런 일이 있기 얼마 전 임광재의 부인인 현숙공주가
노비들에 의해 독살당할 뻔한 사건이 발생했다. 성종이 분노한
1)과 2)는 '집안에 큰 변고가 있는데도 그런 짓을 하고 다녔다'는
것과 관련이 있고, 3)은 공주를 죽이려 한 음모의 연결고리를 찾
는 문제였다. 성종은 노비들이 임광재에게 아부하기 위해 공주를
독살하려 했다고 보았다.

29일 문제의 양첩 '존금' 등에 대한 추국 결과가 나왔다. '임광
재가 지난 3월 초 사람을 시켜 존금을 불러오게 하고는 더불어
통간(通奸)했다. 그리고 자주 서로 왕래하며 필단(匹段), 사라(紗
羅), 면포(綿布), 면주(綿紬)를 폐백으로 하여 함에 담아 존금의 집
에 보냈다.

그랬음에도 임광재는 전에 하문을 받고도 사실대로 아뢰지 않았다. 성종은 임광재를 추국하라고 명했다. 그리고 7월 10일 성종은 개략적인 처리 방향을 잡은 다음 이렇게 지시한다.

"내가 풍천(임광재)을 대우하기를 동기와 다름없이 했음은 대비께서도 환히 아시는 바이다. 풍천은 이미 사실대로 말하지 않았고, 말이 또 거만하니 죄가 진실로 크다. 부마는 비록 천첩이라 하더라도 취할 수 없는데 풍천은 함부로 양첩을 취했고, 또 채단 폐백을 보낸 일이 드러났는데도 사실 그대로 고하지 않았다. 이미 대비를 속이고, 또한 과인을 속였으니 풍천의 죄는 죽어도 남은 죄가 있다. 존금이 만약 서울에 있으면 반드시 다시 상통할 것이니, 그를 경상도나 전라도에 영구히 연금시켜 돌아올 수 없도록 하라."

그러나 아직 공주의 독살 미수 사건과 존금, 임광재로 이어지는 고리는 풀리지 않았다. 음란한 행동과 첩을 취했다는 것에만 초점이 맞춰져 있었다.

이에 대해 사신은 임금이 한결같이 '윗전'의 지시를 받고 수사관을 몰아세워 사건의 실상이 왜곡되었으므로 이를 아는 자는 깊이 탄식하지 않는 이가 없었다고 논평하고 있다.

문제의 핵심에는 인수대비가 도사리고 있었다. 그리하여 7월 20일 두 사람 모두 먼 지방으로 각기 유배를 보내고 임광재의 직첩을 빼앗는 선에서 마무리되었다. 이어 다시 사신은 논평한다.

"임광재는 어려서 공주에게 장가들어 임금의 은총이 편벽되게 높아서 스스로 조심하지 못했으며 공주도 또 성품이 투기하고 사나워서 좌우의 시비(侍婢)가 하나도 온전한 자가 없었으므로, 이로써 무료하여 마침내 임광재의 황음함이 법도가 없는 데 이르러서 패가망신하기에 미쳤으니 사람들이 그 광망함을 비웃었다."

성종은 재위 25년 봄부터 건강이 급격하게 나빠진다. 그 와중에 이런 문제로 신경을 써야 했던 것이다. 보기에 따라서는 이 일이 성종이 마지막으로 다룬 정사(政事)였는지 모른다.

제7장

✻

구신
具臣

자리만 지키며
녹봉이나 축내는 간신들

1. 《논어》에 등장하는 간신 이야기

《논어》〈선진(先進)〉편에 나오는 이야기이다.

계자연(季子然)이 공자에게 물었다.

"중유와 염구는 대신(大臣)이라고 이를 만합니까?"

공자가 말했다.

"나는 그대가 남과는 달리 빼어난 질문을 하리라고 생각했는데, 기껏 유(자로)와 구(염유)에 관한 질문을 던지는구나! 이른바 대신이란 것은 도리로써 군주를 섬기다가 더 이상 도리로써 섬기는 것이 불가능해지면 그만두는 것이다. 지금 유와 구는 숫자나 채우는 신하(具臣)라고 이를 만하다."

이에 계자연은 "그렇다면 두 사람은 따르는 사람입니까?"라고 묻는다. 이에 공자는 말했다.

"아버지와 군주를 시해하는 일에는 진실로 따르지 않을 것이다."

이에 대해서는 약간의 설명이 필요하다. 계자연은 노나라 실력자인 계씨(季氏) 집안의 자제인데, 그가 공자에게 "중유와 염구는 대신이라고 이를 만합니까?"라고 묻는다. 주희는 이를 계자연이 자기 집안에서 공자의 제자 두 사람을 신하로 삼은 것을 스스로 자랑스럽게 여겨 물은 것이라고 풀이한다.

중요(仲由)는 자로(子路)이고, 염구(冉求)는 염유(冉有)이다. 여기서 대신은 공적인 지위라기보다는 계씨 집안 정권의 가신이다. 그냥 큰 신하라는 뜻이다. 계자연의 질문을 듣고서 공자는 말하기를 "나는 그대가 남과는 달리 빼어난 질문을 하리라고 생각했는데 마침내 유와 구에 관한 질문을 던지는구나" 하고 답한 후 말을 이어간다.

"이른바 대신이란 것은 도리로써 군주를 섬기다가 더 이상 도리로써 섬기는 것이 불가능해지면 그만두는 것이다. 지금 유와 구는 숫자나 채우는 신하라고 이를 만하다."

구신의 '구(具)'는 흔히 우리가 구색(具色)을 갖춘다고 할 때의 그 글자다. 한 마디로 유와 구는 진짜 대신이 아니라는 것이다. 이를 통해 계씨 집안에서 그다지 목에 힘을 주지 않으면 좋겠다는 뜻을 넌지시 전하는 것이다.

이 말을 들은 계자연은 "그렇다면 두 사람은 따르는 사람입니까?"라고 묻는다. 주희는 이를 "두 사람이 이미 대신이 아니라면 계씨가 하는 바를 따를 뿐이라고 여긴 것이다"고 풀이한다. 즉 계씨 집안에서 시키는 일이라면 뭐든지 따라서 할 사람들이냐고 물은 것이다.

그러나 공자는 다시 단서를 단다. 두 사람이 따르는 자인지는 잘 모르겠지만 "아버지와 군주를 시해하는 일에는 또한 따르지 않을 것이다"라고 말한다. 공자의 어법을 통해 미뤄보자면, 계씨 집안에 뭔가 일이 있었던 것이다. 이 이야기에 대해서는 북송의 학자 윤돈(尹焞)의 풀이가 도움을 준다.

"계씨가 권력을 독단하고 참람했는데, 두 사람이 그 집에서 벼슬하면서 이것을 바로잡지 못했고 불가함을 알면서도 벼슬을 그만두지 못했으니 숫자만 채운 신하라고 이를 만하다. 이때에 계씨가 이미 군주를 무시하는 마음이 있었으므로 인재를 얻음을 스스로 자랑했고, 자기를 따르게 할 수 있다고 생각했다. 그러므로 공자께서 '아버지와 군주를 시해하는 일에는 또한 따르지 않을 것이다'라고 말씀하신 것이니, 이 두 사람은 거의 여기에서 면할 수 있었다."

공자의 말을 통해 결국 자로와 염유는 시역(弑逆)에 동원되는 일에서 벗어날 수 있었다는 말이다.

2. 난간을 붙들고 발버둥 치다가 기둥을 부러뜨리다

다음은 반고의 《한서》 〈주운전(朱雲傳)〉에 나오는 이야기이다.

주운은 자(字)가 유(游)이며 노나라 사람인데 평릉(平陵)으로 옮겼다. 젊어서 임협(任俠)을 좋아해서 그들의 도움을 빌어 원수를 갚기도 했다. 키는 8척이 넘었으며 용모가 매우 당당했고 용력(勇力)으로 소문이 났다.

나이 마흔이 되어서야 마침내 마음을 고쳐먹고 박사 백자우(白子友)에게 《주역》을 배우고, 소망지를 섬겨 《논어》를 전수받아 능히 그것을 남들에게 가르칠 수 있을 정도가 되었다. 작은 일에 구애되지 않고 그릇이 커서 당시 사람들이 그를 존경했다.

어느 날 원제 때 낭야(琅邪, 산동성) 사람 공우(貢禹)가 어사대부가 되었는데, 화음(華陰) 부태수인 가(嘉)라는 사람이 봉서를 올려 말했다.

"다스리는 도리는 뛰어난 이를 얻는 데 있고, 어사의 자리는 재상의 다음(副·부)으로 구경의 위(右=在上)이니 잘 고르지 않으면 안 됩니다. 평릉의 주운은 문무의 재능을 겸하고 있고, 충성스러움과 바름을 갖춘 데다 지략이 있으니 600석 작질을 주어 수

(守, 임시) 어사대부에 시험 삼아 임명해 그 능력을 다하도록 하는 것이 좋을 듯합니다."

임금은 이에 그 일을 공경들에게 내려 보내 물었다. 태자 소부 광형(匡衡)이 대답해 말했다.

"대신이란 나라의 고굉(股肱, 팔과 다리)이며 만백성들이 우러러보는 대상이니 밝은 임금께서 신중하게 골라야 하는 자리입니다. 전(傳)에 이르기를 '아랫사람이 위의 작위를 가벼이 여기고 낮은 사람이 신하를 좌우하려고 도모하게 되면 나라가 흔들려 백성들이 안정되지 않는다'고 했습니다.

지금 가(嘉)는 부태수 자리에 있으면서 대신의 자리에 대해 이러쿵저러쿵하며 필부 중에 마차에도 타기 곤란한 사람을 들어 구경의 위를 뛰어넘으려 하니, 이는 나라를 중하게 여기고 사직을 높이는 도리가 아닙니다.

요임금이 순임금을 쓰고, 문왕이 태공(太公)을 쓸 때에도 오히려 시험을 해본 연후에야 작위를 주었는데 하물며 주운과 같은 자이겠습니까? 주운은 평소 용맹을 좋아해서 자주 법을 어기는 바람에 망명을 한 적도 있습니다. 《역(易)》을 배워 자못 스승의 도리를 익혔다고는 하지만 그의 행실에는 아직 이렇다 할 뛰어난 점이 없습니다.

반면에 지금 어사대부 우(禹)는 결백하고 청렴하며 반듯하고 경술에 능통해 백이(伯夷)와 사어(史魚)의 풍모를 가지고 있으니 나라 안에 그에 관해 들어서 모르는 사람이 없습니다.

그런데도 가(嘉)는 주운을 칭송해 어사대부를 맡기려 하니 이처럼 망령되이 서로 칭찬하고 천거하는 것을 볼 때 간사스러운 마음이 있는 것이 아닌가 의심이 듭니다. 이처럼 안 좋은 싹은 자라게 해서는 안 되는 것이니 마땅히 유사에 내려 그 실상을 가려냄으로써 좋고 나쁨을 밝혀야 할 것입니다."

가(嘉)는 결국 죄를 얻었다. 이때 소부(少府) 오록충종(五鹿充宗)이 천자로부터 귀함과 총애를 받았는데, 그는 양구(梁丘)의 《역》을 익힌 사람이었다. 선제 때부터 양구씨(梁丘氏)의 《역》에 관한 설(說)은 좋은 평가를 받고 있었고, 원제가 그것을 좋아해 그것과 다른 학설과의 같고 다른 점을 비교해 보고하게 하는가 하면 오록충종으로 하여금 다른 계통의 역가(易家)들과 토론하게 했다.

오록충종이 존귀함에 기대어 말재주를 펴니 다른 유자들은 어느 누구도 당해낼 수가 없어 모두 병을 핑계로 감히 그런 자리에 모이려고 하지 않았다. 그런데 그중에 주운을 추천하는 이가 있어 그가 불려 들어갔는데, 옷자락을 걷고 자리에 올라 머리를 들고서 질문을 던지는데 목소리가 좌우를 놀라게 했다. 이미 논란이 시작되자, 연이어 상대의 논지를 꺾었고, 그래서 여러 유자들은 그것을 보고 이렇게 말을 했다.

"오록의 뿔이 길게 뾰족뾰족하지만(嶽嶽·악악), 주운이 그 뿔들을 다 꺾어버렸도다."

이로 말미암아 주운은 박사가 되었다. 이후 승진해 두릉현령(杜陵縣令)이 되었는데 일부러 망명자를 풀어준 죄에 연루되었다가 마침 사면령을 만났고 다시 방정(方正)으로 뽑혀 괴리현령(槐里縣令)이 되었다.

이때는 중서령 석현이 일을 좌우하면서 오록충종과 당(黨)을 이루고 있을 때라 백료가 그를 두려워했다. 오직 어사중승 진함(陳咸)만은 나이가 어리고 기백이 있어 주운과 서로 친분을 맺었다.

주운이 여러 차례 소를 올려 승상 위현성(韋玄成)은 제 몸이나 챙기며 자리를 보전하는 데 급급해 제대로 왕래하지 못하고 있다(亡能往來·망능왕래)고 말했다. 《서경》〈주서(周書) 군석(君奭)〉편에서 주공은 이렇게 말했다.

"오직 문왕께서 일찍이 능히 우리가 소유한 중국을 닦고 화합시키실 수 있었던 것은 진실로 오직 괵숙(虢叔)과 굉요(閎夭)와 산의생(散宜生)과 태전(泰顚)과 남궁괄(南宮括) 같은 신하들이 있었기 때문이다."

결국 주운은 주공의 말을 빌려 승상 위현성이 뛰어난 신하들을 임금에게 제대로 천거하지 못하고 있음을 강도 높게 비판한 것이다. 이때 진함은 여러 차례 석현을 헐뜯었다.

한참 후에 유사에서 관리를 부추겨 사람을 죽인 혐의로 주운을 조사했다. 여러 신하들이 조현하는 자리에서 임금은 승상에게 조운의 관리로서의 치적을 물었다. 승상 위현성은 주운이 포학하고 실적도 없다고 말했다.

이때 진함이 앞에 있다가 그 말을 듣고서 주운에게 일러주었다. 주운이 글을 올려 자신의 억울함을 호소하려 하니 진함이 주문(奏文)의 초안을 잡아주었고 그 글을 어사중승인 자기 자신에게 내려줄 것을 추가해서 넣었다.

그 일을 승상에게 내리자, 승상은 관리를 배치해 그의 살인죄를 성립시켰다. 그러자 주운은 달아나 장안으로 들어가서 다시 진함과 계책을 의논했다. 승상은 그 일을 자세히 폭로하며 위에 아뢰었다.

"진함은 숙위하는 집법(執法)의 신하로서 요행히 조현하는 자리에 참여할 수 있었는데, 거기서 들은 일을 누설해 사사로이 주운에게 일러주었고 주문의 초안을 잡아주었으며 어사중승인 자기 자신에게 일이 내려오도록 계책을 꾸몄습니다. 그리고 뒤에 주운이 도망친 죄인임을 알면서도 서로 교통했고, 주운이 잡히지 않은 것도 그 때문이었습니다."

임금은 이에 진함과 주운을 옥에 내렸고 사형죄를 감형해 성단(城旦, 성 쌓기 노역)에 처했다. 그들은 끝내 폐고(廢錮, 일생 동안 벼슬을 못하도록 함)되어 원제의 시대가 끝날 때까지 세상에 나올 수 없었다.

성제(成帝) 때에 이르러 승상 안창후(安昌侯) 장우(張禹)는 천자의 스승이었던 까닭에 벼슬이 특진해 매우 존중을 받았다. 주운이 글을 올려 천자를 배알하게 되었는데, 공경이 늘어서 있는 가운데 주운이 말했다.

"지금 조정의 대신들은 위로는 폐하를 올바른 길로 이끌지 못하고, 아래로는 백성들에게 무익한 일만 하면서 모두 시위소찬(尸位素餐)하고 있으니 공자가 말한 '비루한 사람과 함께 임금을 섬길 수 없다', '지위를 잃을 것 같으면 못할 짓이 없다'고 한 것에 해당합니다. 소신에게 상방(尙方, 천자의 기물을 만드는 관청)의 참마검(斬馬劍)을 내려주신다면 간사한 신하 한 명의 목을 베어 다른 신하들을 경계시키겠습니다."

임금이 물었다.

"간사한 신하가 누구인가?"

"안창후 장우입니다."

"미천한 관리로서 아래에 머물면서 윗사람을 욕하고 조정의 한가운데서 나의 스승을 욕하다니, 그 죄는 사형에 해당하며 용서하지 않을 것이다."

어사가 주운을 끌어내리려고 하자, 주운은 끌려 나가지 않으려고 난간을 붙들고 발버둥 치다가 그만 난간이 부러지고 말았다. 주운이 소리쳐 말했다.

"소신은 지하에서 용봉(龍逢, 걸왕에게 간언하다 죽음)과 비간(比干, 주왕에게 간언하다 죽음)을 만나 어울리는 것으로 만족하면 되지만, 빼어난 조정이 직언하는 신하를 죽여 얻게 될 오명에 대해서는 어떻게 될지 알지 못하겠습니다."

어사가 드디어 주운을 끌고 나갔다. 이에 좌장군 신경기(辛慶忌)가 관을 벗고 인끈을 풀며 궁전 아래에서 머리를 조아리고 말했다.

"이 신하는 평소에 세상에 광직(狂直)함으로 널리 알려져 있는 자입니다. 만일 그가 한 말이 옳다면 주살해서는 안 될 것입니다. 설사 그의 말이 틀렸다고 해도 진실로 마땅히 그 말을 받아주셔야 합니다. 신은 감히 죽음을 걸고 간언 드리옵니다."

신경기는 머리를 땅에 부딪쳐 피가 낭자했다. 임금이 기분을 풀고 나서야 그 일은 그칠 수 있었다. 뒤에 그 난간을 수리하려고 하자 임금이 말했다.

"새로운 것으로 바꾸시 말고 부서진 것을 이어 붙이도록 하라. 곧은 신하를 기리는 징표로 삼겠다."

주운은 이때 이후로 다시는 벼슬을 하지 않고 늘 호현(鄠縣)의 시골에 살면서 때때로 소달구지를 타고 외출해 유생들과 어울렸는데, 지나는 곳마다 모두 그를 공경해 섬겼다.

설선(薛宣)이 승상이 되었을 때 주운이 가서 그를 만나보았다. 설선은 빈객과 주인의 예를 갖추어 놓고 주운으로 하여금 머물러 묵게 하면서 조용히 주운에게 말했다.

"시골에 머물면 별다른 일이 없을 터이니 장차 나의 동합(東閤)에 머물면서 사방의 특출한 선비들을 잘 살펴보아 주시지요."

주운이 말했다.

"소생더러 재상의 아전이 되라는 것입니까?"

설선은 감히 더 이상 말을 하지 않았다.

3. 죽과 밥만 축내는 무능한 신하

조선 성종 25년(1494년) 11월 25일, 신승선(愼承善)을 우의정에 임명했는데 그날 사관(史官)의 논평이 가차 없다. 그는 당시 세자로 있던 연산군의 장인이었다.

"신승선은 용렬하고 무능하며, 그저 '예, 예'라고만 하고 구차스럽게 용납을 받으려고만 하니 참으로 죽반승(粥飯僧)이다."

죽반승이란 죽과 밥만 많이 먹는 승려라는 뜻으로, 무능한 사람을 일컫는다. 이것이 사실이라면 전형적인 구신(具臣)이자 시위소찬이나 하는 신하라고 할 것이다. 연산군 8년 5월 29일 그가 죽었을 때 실록은 이렇게 기록하고 있다.

> "신승선은 젊었을 때 용모가 아름다워서 세종의 넷째 아들 임영대군(臨瀛大君)의 사위가 되었다. 일찍이 문과에 응시했으나 합격하지 못했는데, 세조께서 상제(上第, 수석)로 뽑았다. 여러 관직을 거쳐 이조판서에 이르렀는데 성종께서 그의 딸을 맞이하여 세자빈(世子嬪)으로 삼았다.
> 갑인년 겨울에 우의정에 발탁되었다가 왕(연산군)이 즉위하자 영의정이 되었다. 사람됨이 연약하기가 부녀자와 같아서 아무런 건의를 한 일이 없고, 직무에 게으르고 녹만 먹으며 있으나 마나 하므로 당시 사람들이 죽반승이라 했다."

실록에서 신승선 다음으로 '죽반승'으로 지목된 인물이 있다. 조선 명종 16년(1561년) 8월 6일 실록의 기록이다. 여기에 사신의 논평 두 개가 나란히 실려 있다.

"천둥이 쳤다. 햇무리가 희미하게 졌다. 오시에 태백이 미지에 나타났다."

사신은 논한다. 화기(和氣)는 상서(祥瑞)를 불러오고, 괴기(乖氣)는 재변(災變)을 불러온다. 태백이 낮에 나타났다는 기록이 사마천의 《사기》에 잇달았으니, 이는 임금이 약하고 신하는 강하며 음은 성하고 양이 약한 증거이다.

　이때를 당하여 권신들이 권력을 멋대로 부려 정령이 여러 곳에서 나오고 붕당의 떼거리가 이미 많아져 위복이 아래로 옮겨졌다. 임금이 고립되었는데도 알지 못하고 나라의 근본이 이미 흔들리는데도 구원하는 자가 없으니, 하늘과 사람 사이에 경계를 보인 뜻이 은미한 것이다. 사신은 이렇게 논한다.

　"상진(尙震)은 우유부단하고 줏대가 없으니 죽반승이라고 할 만하다. 비록 아비나 임금을 죽이려는 모의에 함께 참여할 자는 아니지만 참으로 비부(鄙夫)라 하겠다. 이러므로 윤원형(尹元衡), 이기(李芑), 정순붕(鄭順朋), 임백령(林百齡)이 화란을 일으켰을 때에도 모두 그 환심을 샀다."

　당시 사관들은 대체로 주자학으로 무장했기에 정승들에 대해 지극히 비판적이었다. 여기서도 상진이라는 인물을 '죽반승'이라고 지목하며 《논어》의 구절을 인용하고 있다.

　"비록 아비나 임금을 죽이려는 모의에 함께 참여할 자는 아니지만 참으로 비부라 하겠다."

　이에 대해서는 우리도 앞에서 각각 살펴본 바 있다. 그렇다면 상진(1493년~1564년)은 어떤 인물이기에 이런 비판을 받은 것일까? 상진은 현대적 맥락에서 재조명을 필요로 하는 인물이다. 어떤 하나의 틀에 담아낼 수 없는 그의 자유분방함 때문이다. 그러면서도 대립하는 의견을 능수능란하게 조화시켜가는 보기 드문 정치력을 보여주었다. 그렇게 보면, 의리 일변도의 성리학적 잣대로 보자면 높은 점수를 받기 어려운 인물일 수도 있다.

이수광(李晬光)은 《지봉유설(芝峯類說)》에서 '상진의 인품과 도량'이라는 별도의 항목을 설정해 이렇게 말한다.

"정승 상진은 인품과 도량이 넓고 커서 일찍이 남의 장단점을 말하는 일이 없었다."

당시 육조판서를 두루 지낸 오상(吳祥, 1512년~1573년)은 다음과 같은 시를 지었다.

羲皇樂俗今如掃(희황악속금여소)
只在春風杯酒間(지재춘풍배주간)
복희씨 시대의 음악과 풍속은 지금 쓸어낸 듯 없어져 버렸고
다만 봄바람 부는 술자리에만 남아 있구나.

이 시를 본 상진은 "어찌 말을 그렇게 야박하게 하는가"라며 첫 구의 마지막 두 자와 둘째 구의 앞부분 두 자를 고쳐 새로 읊었다.

義皇樂俗今猶在(희황악속금유재)

看取春風杯酒間(간취춘풍배주간)

복희씨 시대의 음악과 풍속이 지금도 남아 있어

봄바람 부는 술자리에서 찾아볼 수 있네!

세상을 보는 시각은 말할 것도 없고 스케일이 달랐던 것이다. 이수광이 상진의 도량을 보여주기 위해 이 일화를 고른 것도 그 때문일 것이다. 한 마디로 상진은 그릇이 큰 인물이었다.

상진은 실학자 이익(李瀷)이 《성호사설(星湖僿說)》에서 밝힌 대로 벼슬길에 오른 사람이 하나도 없는 한미한 가문에서 태어났다. 아버지 상보(尙甫)는 역참을 돌보던 종6품 찰방에 오른 것이 전부였다. 자기 집안의 한미함을 누구보다 잘 알고 있던 상진은 글 읽기는 내팽개치고 말 타고 활 쏘는 데만 열중했다. 무인이 되려고 했는지도 모른다.

그러나 스무 살이 다 되어서야 주변 친구들이 자신을 업신여기는 것을 알고 공부를 시작해 다섯 달 만에 글 뜻에 익숙해지고, 열 달 만에 문리(文理)가 통했다고 한다. 그래서 25세 무렵 문과에 급제해 관리의 길에 들어설 수 있었다. 이후 상진은 중종의 극진한 총애를 받아 여러 차례 특진을 했다.

그 바람에 견제도 많이 받았다. 무엇보다 상진은 이재(吏才)가 뛰어났다. 오늘날로 말하면 행정 능력이 특출했다는 말이다. 더불어 시국을 한 걸음 물러서서 보는 여유를 갖고 있었다. 훈구(勳舊)보다는 사림(士林)과 가까우면서도 기묘사화나 을사사화를 비켜갈 수 있었던 것은 그 때문이었는지 모른다.

그가 사마시(司馬試)에 급제해 성균관에서 공부를 할 때는 기묘사화가 터지기 전이었다. 선비들이 유난히 티를 내며 몸가짐을 삼가는 척을 하자 상진은 못마땅하게 생각했다. 자유인 상진의 기질이 유감없이 발휘되는 순간이었다.

실록은 "상진은 성균관에서 공부할 때 일부러 관(冠)을 쓰지 않고 다리도 뻗고 앉아서 동료들을 조롱하고 업신여겼다"고 적고 있다. 얼마 후 문과에 급제하여 당대의 명재상 정광필을 찾아가 인사를 올리자, 정광필은 주변 사람들에게 "게으른 정승이 나왔다"고 칭찬했다고 한다.

중종 때 공조, 형조, 병조 등의 판서를 두루 거친 상진에게도 명종 즉위와 함께 시작된 문정왕후와 윤원형의 시대는 만만치 않았다. 상진은 그러나 현실 권력과 타협했고, 덕분에 명종 즉위와 함께 다시 병조판서에 임명되었다.

이후 이조판서를 거쳐 명종 6년에는 좌의정에 오른다. 그 때문에 상진이 문정왕후와 윤원형에세 아부했다는 비판이 종종 제기되기도 했다. 그러나 자신의 영달을 위해서가 아니라 백성들을 위한 정치를 펼치려는 원려심모(遠慮深謀)임을 당대의 식자들은 다 알고 있었기에 직접적인 비판을 하지 않았다. 오히려 세종 때의 황희(黃喜)와 허조(許稠)를 잇는 명상(名相)이라는 찬사가 많았다.

현실 권력과의 타협에도 불구하고 그에게 권간이라는 비난이 쏟아지지 않은 또 하나의 중요한 이유는 바로 청렴이었다. 이와 관련된 일화들도 수없이 많다. 그중 하나다. 하루는 창고가 허물어지려고 하자 종들이 수리를 하고자 했다. 상진은 그만두라면서 이렇게 말했다. "너희들이 고쳐 세운들 그것을 무엇으로 채우려 하는고?" 창고는 무너져버렸다.

그랬기 때문인지 상진은 세상의 굴곡을 수용하는 자신의 처신을 조금도 부끄럽게 생각하지 않았다. 동갑내기 친구이자 중종 때 잘나갔던 사림 계열의 송순(宋純)이 윤원형 세력과 충돌하면서 고난의 세월을 보내고 있을 때였다.

상진이 그에게 "자네는 어찌 이리 침체되고 불우한가?" 하고 말하자, 송순은 "내가 자네처럼 목을 움츠리고 바른말을 하지 않았으면 벌써 정승의 지위를 얻었을 것이네!"라고 반박했다. 이에 상진은 "자네가 바른말을 하지 않는 나를 비난하지 않는 것은 참으로 옳다. 그러나 불평스런 말을 많이 하여 이리저리 귀양 다니는 것이 무슨 맛이 있는가?"라며 웃었다. 상진은 죽음을 맞아 자식들에게 당부했다.

"묘비는 세우지 말고, 짤막한 갈(碣)을 세워 '공(公)은 늦게 거문고를 배워 일찍이 감군은(感君恩) 한 곡조를 연주했다'고만 쓰면 족하다."

그는 세상을 바로잡겠다며 오히려 더 큰 혼란을 불러오던 위선과 가식의 식자들을 조롱하며 살다가 간 인물인지 모른다. 그를 죽반승이라고 부르는 데는 동의할 수 없다.

못다 한 간신 이야기

1. 조선일보 〈간신열전〉 연재를 시작하며

앵앵거리는 쉬파리

울타리에 앉았으니

점잖은 군자라면

중상모략하는 말

믿지 마소서.

《시경》에 나오는 〈청승〉이라는 시로, 이때 군자는 곧 임금이고 앵앵거리는 소리는 임금의 귀를 어지럽히는 소리, 그리고 쉬파리는 말재주에 능한 간신이다. 간신이 없던 시대는 없었다. 다만 간신들이 설치느냐, 숨죽이느냐는 임금이 눈 밝은지, 어두운지에 따라 나뉠 뿐이다.

간신에도 등급이 있으니 이 또한 크게 악랄하고 음험한 간신이 세를 얻었다면 그때의 임금이 크게 어두운 것이고, 덜 악랄하고 덜 음험한 간신이 있었다는 것은 그때의 임금이 덜 어두운 것이다. 그래서 특정 시대 간신의 패악질 수준만 살펴도 그 시대가 난세인지 치세인지 분간할 수 있다.

세종 때 편찬한 《고려사》 열전에도 〈간신〉편이 있다. 그 서문에서 임금의 책임을 분명히 밝힌다.

> 세상에 일찍이 간신이 없었던 적이 없지만, 오직 임금이 눈 밝음[明]으로 밝게 찾아내고[照] 잘 제어해[馭] 바른길로 갈 때에만 그들이 간신술을 부릴 수 없었다. 만약에 임금이 일단 그들의 술책에 빠지면 왕왕 나라는 위태로워지고 임금은 자신을 망치게 된다.

간신이란 누구인가? 사적인 이익을 위해 공적인 지위와 권위를 오용, 남용, 악용하는 자다. 그중에서도 임금의 지위와 권력까지 자신의 사적인 욕심을 위해 마음대로 들었다 났다 한다면 큰 간신, 즉 대간이다.

이 연재는 한시적이다. 다행히 군주가 눈 밝아져 간신들이 모두 숨죽이게 되는 순간 곧바로 마치게 될 것이다.

2. 파가상국(破家傷國)

후한(後漢), 또는 동한(東漢) 말기 대표적 간신 양기(梁冀, ?~159년)
는 누이동생이 순제(順帝)의 황후가 되면서 권세를 휘두르며 나
라 안팎의 미움을 샀다.

144년에 순제가 붕하자 겨우 두 살의 충제(沖帝)가 즉위했고,
이에 누이가 태후가 되어 섭정을 하자 양기도 권세를 부리기 시
작했다. 이듬해 충제가 붕하자 병권을 쥐고 있던 대신 이고(李固)
는 외척 견제를 위해 연장자를 즉위할 것을 건의했으나 양기는
여덟 살 질제(質帝)를 즉위시키고 권력을 장악했다. 질제가 이에
불만을 품자 그를 독살한 양기는 환제(桓帝)를 추대하고 이고를
죽여버렸다.

양기의 세상이었다. 황제는 있으나 마나였다. 범엽(范曄)의《후
한서(後漢書)》〈양기전(梁冀傳)〉은 그의 사람됨에 대해 "어깨가 솔
개와 같이 넓고 눈매가 승냥이와 같았으며 주변을 위압하고 성품
이 오만했다"고 묘사하고 있다. 뇌물을 받는 것은 기본이고 나라
의 재물을 빼돌렸으며 부호들에게 돈을 빌리고서 떼먹기를 밥 먹
듯이 했다고 한다.

이런 양기가 유일하게 두려워하는 사람이 있었으니 오나라 왕
족 출신인 부인 손수(孫壽)였다. 양기가 대저택을 짓자 손수도 뒤
질세라 비슷한 규모의 대저택을 올렸다. 부부가 사치와 재물 과

시 경쟁을 했던 것이다. 실제로 손수는 공주에 준하는 예우를 받았으며 세상에 못하는 짓이 없었다. 양기는 부인의 말이라면 다 들어주어 손씨 집안사람 10여 명에게 각종 벼슬을 내렸다. 부부 간신, 혹은 간신 부부의 탄생이다.

그들의 몰락은 아내 손수로부터 비롯되었다. 손수의 외삼촌 양기(梁紀)는 아내가 전남편에게서 낳은 딸 등맹(鄧猛)을 거두었는데, 그녀의 미모를 눈여겨본 손수는 등맹의 성을 양(梁)씨로 바꾸게 하고 환제의 후궁으로 들여보냈다.

그리고 남편 양기로 하여금 등맹의 생모 선(宣)을 죽이려고 했는데, 암살에 실패해 선이 궁중으로 달려가 환제에게 자초지종을 고했다. 평소 양기 부부를 못마땅하게 여겼던 환제는 환관들과 모의해 군사를 동원해 양기의 집을 포위했다. 두 사람은 함께 자살했다. 범엽은 이 두 사람의 삶을 '파가상국' 넉 자로 요약했다.

3. 망국지신(亡國之臣)

수양제(569년~618년)는 재위 14년 만에 아버지 문제가 어렵사리 통일시킨 수나라를 아들 대에서 망해먹은 황제였다. 중국의 정사가 전해주는 그의 말년으로 들어가보지.

잦은 토목 사업과 대규모 정벌로 백성들의 삶은 도탄에 빠트려

놓고서 정작 그 자신은 사치와 향락에 젖어 국정을 제대로 돌보지 않았다. 곳곳에서 도적의 무리들이 일어나고 반란의 움직임이 다투어 확산되었다. 오늘날로 치자면 피폐한 삶에 지친 민초 내 반정부 세력의 목소리가 높아간 것이다.

그런데 수양제는 이에 관해 정확히 보고하는 걸 싫어했다. 진 나라를 망하게 한 대간 조고와 쌍벽을 이루는 간신 우세기는 그 같은 수양제의 속마음을 읽어내고서 밑에서 올라오는 보고를 모두 차단한 채 이렇게 말했다.

"좀도둑들이어서 군과 현에서 장차 전부 섬멸할 것이니 폐하께서는 개의치 마십시오."

그러나 시간이 지날수록 도적과 반란군의 기세는 강해져만 갔다. 물론 수양제가 실상을 알아차릴 기회는 얼마든지 있었다. 그런데 얼마 뒤에 고구려 정벌에 나섰다가 을지문덕 장군에게 대패한 바 있는 대장군 양의신이 하북(河北)의 도적 수십만을 격파하고 전황 보고를 올렸다. 수양제가 물었다.

"양의신이 항복시킨 도적이 어찌 이렇게 많은가?"

다시 우세기가 말로 덮었다.

"좀 많긴 한데, 우려할 정도는 아닙니다. 오히려 양의신이 도적을 물리쳤고, 현재 적지 않은 군대를 거느리고서 오래도록 지방에 머물러 있으니 안 될 일입니다."

수양제는 우세기의 말에 이끌려 양의신을 중앙 조정으로 불러들이고 그의 군대를 해산시켜버렸다. 수나라는 곧바로 망했다.

4. 영신복국(佞臣覆國)

공자의 고국인 노나라의 실력자 계씨가 노나라에 속한 부용국(附庸國)인 전유(顓臾)를 정벌하려고 했다. 이때 공자의 제자 염유가 계씨의 가신으로 있었는데 공자에게 말했다.

"계씨가 장차 전유에 대해 일을 일으키려 합니다."

공자는 염유를 꾸짖으며 말했다.

"그건 너의 잘못이 아닌가? 전유는 선대 임금께서 봉해주신 곳이고, 우리 노나라 땅 안에 있으니 신하나 마찬가지다. 그런데 어찌 남의 나라를 치는 정벌이란 말이 성립할 수 있는가?"

공자는 계씨를 말리지 못한 염유의 책임을 분명히 한 것이다. 이에 염유는 "계씨가 그러는 것이지 제가 하자고 한 것은 아닙니다"라고 둘러댔다. 이에 공자는 계씨를 좋아하지 않았음에도 그 신하 된 자의 책임과 관련해 "호랑이와 코뿔소가 우리에서 튀어나오고, 귀한 거북껍질과 옥(玉)이 궤짝 안에서 썩어간다면 이는 누구의 잘못이겠는가?"라고 말했다.

맹수가 우리에서 튀어나오는 것은 최고 권력자의 거친 마음이

표출되는 것을 비유한 것이고, 귀한 거북껍질과 옥이란 그 권력자 마음속에 있을 수 있는 선의를 나타낸 것이다. 거친 마음은 막고 선의는 잘 끌어내 살리도록 하는 것이 신하 된 자의 도리라는 말이다. 염유가 말을 바꿨다.

"전유는 견고한 데다가 우리의 요충지와 가까우니 지금 빼앗지 않으면 반드시 우리 자손들에게 근심거리가 될 것입니다."

염유처럼 그때그때 말을 바꾸는 것을 공자는 '영(佞)'이라고 했다. 흔히 '아첨한다'고 번역되지만 정확하게는 '말재주 부리다'라는 뜻이다. 원래 공자는 영자(佞者)는 나라를 뒤집어엎을 수 있다 해서 경계했다. 영자는 곧 간신이다. 공자의 가차 없는 비판이다.

"(명분도 없이 전유를 정벌하려다가) 노나라가 분열되고 무너져 내리는데도 제대로 지켜내지 못하고 나라 안에 있는 전유에 대해 군사동원이나 도모하니 나는 계씨의 진짜 근심이 전유에 있지 않고 조정 안에 있을까 봐 두렵다."

5. 간신의 특징, 구용(苟容)

'구용'이란 구차스럽게 인정받으려 한다는 뜻이다. 도리를 어겨가며 오로지 윗사람의 뜻에만 영합하려는 것은 '투합(偸合)'이라고 한다. 투합구용하면서 녹봉이나 챙기고 교제 범위를 넓히는데만 온 힘을 쏟는 사람을 순자는 나라를 해치는 자, 즉 국적(國

賊)이라고 했다.

순자는 임금의 명령을 대하는 태도를 갖고서 신하를 네 가지 유형으로 나눴다. 첫째는 명령을 따르면서 임금을 이롭게 하는 신하를 순종하는 신하라고 했고, 둘째는 명령을 따르면서 임금을 불리하게 하는 신하를 아첨하는 신하라고 했다. 셋째는 명령을 어기면서 임금을 불리하게 하는 신하를 찬탈하는 신하라고 했고, 넷째는 임금의 영예나 욕됨은 거들떠보지도 않고 나라가 잘되고 못되는 것도 거들떠보지 않으며 투합구용하는 자를 나라를 해치는 국적이라고 했던 것이다.

반면에 임금에게 잘못이 있으면 곧게 발언하고, 받아들여지지 않으면 떠나는 신하를 간신이라고 했다. 나아가 목숨을 걸고 임금의 잘못을 지적하는 신하를 쟁신(爭臣)이라고 했다. 그리고 위기의 상황에 지혜를 모아 여러 신하들과 함께 임금의 잘못을 일깨우고 설득해 나라를 안정시키는 신하를 보신(輔臣)이라고 했다. 임금의 그릇된 명령에 맞서 임금이 하는 일을 반대함으로써 나라의 위태로움을 안정시키는 신하를 불신(拂臣)이라고 했다.

순자의 한 마디가 핵심을 찌른다.

"명철한 임금이 상을 주는 사람을 어리석은 임금은 벌을 주고, 어리석은 임금이 상을 주는 사람을 명철한 임금은 죽여버린다."

이때 임금이란 현대사회에서는 곧 국민을 말한다.

6. 임금의 혹(惑)과 불혹(不惑)

한나라 무제는 54년에 이르는 재위 기간을 통해 부국강병을 추구해 중국 역사에서도 손꼽힐 정도의 최전성기를 이룩한 뛰어난 군주다. 그런데 진시황과 마찬가지로 그도 하늘과 땅에 제사를 지내는 일로 시작해 점점 장생불사를 추구하면서 심지어 스스로 신선이 되고자 한 특이한 인물이기도 하다.

그 바람에 애초에 이런 쪽으로 관심을 두지 않았으면 생겨나지도 않았을 방사의 무리가 벼락출세를 했다. 당시 대표적인 방사로는 이소군(李少君), 소옹(少翁), 난대(欒大) 등이 유명하다.

이소군은 부엌 신에게 제사를 지내면 기이한 물질을 얻을 수 있고, 이것이 있어야 단사(丹沙)로 황금을 만들 수 있으며 이 황금으로 식기를 만들면 수명을 연장할 수 있고, 그러면 신선을 만날 수 있고 신선을 만나면 불로장생할 수 있다고 무제를 현혹했다. 이소군은 병으로 죽어 극형은 면했다.

소옹은 이미 죽은 사람과 통할 수 있다는 방술(方術)을 들고 나와 무제의 마음을 사로잡았다. 그는 문성(文成)장군이라는 칭호를 받고 부귀를 누렸으나 그가 장담했던 신선과의 만남은 이뤄지지 않았다. 결국 소옹은 비단에 글을 써서 소에게 먹인 다음 배를 갈라 그 글을 무제에게 보여 어떻게든 거짓 술책을 이어보려 했으나 글 자체가 소옹의 것임을 알아챈 무제에 의해 처형되었다.

난대의 특기는 말재간과 허풍이었다. 그런데 이에 혹한 무제는 그를 오리(五利)장군에 임명하고 공주를 출가시키기까지 했으나 당연히 신선을 만나볼 수 없었다. 무제는 난대뿐만 아니라 그를 추천한 정의(丁義)라는 고위관리까지 함께 처형했다.

이로써 한때 1만 명을 넘었던 방사들은 마침내 숨죽이게 되었다. 무제가 더 이상 미혹당하지 않고 다시 민생 안정에 힘을 썼기 때문이다. 명말청초의 학자 왕선산(王船山)은 이런 촌평을 남겼다.

"무제가 신선이 되고자 하는 뜻이 사라지면서 아첨하는 이들도 없어졌다. 그렇기 때문에 상벌이 분명하면 간신이 사라지게 되는 것이다."

7. 조정에 간신이 들끓는 까닭

우리에게 '강태공'으로 익숙한 태공망(太公望)은 문왕과 무왕을 도와 주나라를 건국한 1등 공신이다. 그가 문왕 및 무왕과 주고받은 문답집이 바로 《육도(六韜)》이다. '도'란 칼을 감춰두는 주머니를 말하니, 비책을 말한다. 그중 하나가 문도(文韜)인데, 곧 통치술이다.

문왕이 물었다.

"군왕이 뛰어난 이를 쓰려고 힘쓰는데도 그 효과를 보지 못하고 세상의 혼란이 더욱 심해져서 마침내 멸망에 이르게 되는 것은 어째서인가?"

태공이 답했다.

"뛰어난 이를 천거해도 이를 쓰지 못한다면, 이는 뛰어난 사람을 천거했다는 이름만 있을 뿐 뛰어난 이를 쓴 실상은 없는 것입니다."

"그 잘못의 원인은 어디에 있는가?"

"그것은 군왕에게 있습니다. 세간에서 칭찬하는 자를 썼을 뿐 진정으로 뛰어난 이를 찾지 못한 데 있습니다."

"그게 무슨 말인가?"

"군왕이 세간에서 훌륭하다는 좋은 평을 얻는 자를 뛰어나다고 여기고, 세간에서 좋지 못한 평을 얻는 자를 뛰어나지 못하다고 여긴다면 그 도당이 많은 자는 등용되고 도당이 적은 자는 물러나게 됩니다. 그렇게 되면 간신들이 당파를 만들어 뛰어난 인물들을 은폐시킴으로써 충성스러운 사람은 죄 없이 죽임을 당하고 간신은 속임수로 칭찬을 받아 벼슬을 얻게 됩니다. 이로 인해 나라가 점차 혼란에 빠지고 결국 멸망을 면치 못하게 됩니다."

"뛰어난 이를 들어 쓰려면 어떻게 해야 하는가?"

"장수와 재상의 직분을 나누고 각기 맡은 부처에서 적임자를 천거하게 해 엄선한 다음에 평판에 따라 임무를 부여해 실적을 쌓게 해야 합니다. 이어 명성과 실력을 비교 검토해 그 인물의 명성과 실력이 서로 부합하는지를 살펴보면 뛰어난 인물을 쓰는 길을 찾게 될 것입니다."

흔히 강태공 하면 세월이나 낚는 낚시꾼 정도로만 이해해서 그
가 실전에서 보여준 통치술에는 별로 주목하지 않는다. 그러나
이 문답을 보고 있노라면 왜 《한서》에서 반고가 《육도》를 병가(兵
家)가 아닌 유가(儒家)의 책으로 분류했는지 단번에 알 수 있다.
물론 애당초 뛰어난 이를 쓸 생각조차 없는 리더에게라면 이런
말조차 할 필요가 없겠지만 말이다.

8. 과도한 증세로 민생을 파탄시킨 간신

역사를 보면 나라가 일어나는 것도 어렵지만 망국 또한 쉽게 일
어나는 일이 아니다. 군주와 보필하는 신하가 모두 암군과 간신
일 때 민심이 떠나고 외부의 침략이 겹치면 마침내 망한다. 임금
이 명군, 즉 일에 밝고 사람 보는 데 밝으면 문제가 없다. 또 설사
다소 암군일지라도 자기 욕심 없이 사람만 바로 써도 나라는 굴
러간다.

《논어》〈헌문〉편에 나오는 사례는 바로 이 점을 보여준다. 공자
가 위나라 영공의 무도함에 대해 비판하자 계강자가 말했다.

"사정이 그러한데 어찌 그 지위를 잃지 않는가?"

공자가 말했다.

"중숙어가 빈객을 다스리는 외교를 맡아 잘하고 있고, 축타는 종묘를 맡아 잘하고 있으며, 왕손가는 군대를 맡아 잘 다스리고 있으니 무릇 사정이 이러한데 어찌 그 지위를 잃겠습니까?"

인사만 잘한다면 설사 군주가 다소 무도하고 여색에 탐닉해도 왕권을 유지할 수 있다는 말이다. 그러나 여기서 한 걸음 나아가 간사한 자에게 중책을 맡기면 그걸로 끝이다. 북송 때 임금 휘종(徽宗)이 네 차례나 재상으로 중용했던 채경(蔡京, 1047년~1126년)이 그런 경우이다.

채경은 처음에는 경제 실무에도 밝고 통솔력도 있어 호평을 받았다. 그러나 재상이 되고는 사치와 예술에 빠져 있던 휘종을 바로잡을 생각은 않고 오로지 영합만을 일삼다가 곧은 신하들의 배척을 받아 사직과 취직을 반복해야 했다. 신하들이 배척하면 휘종은 다시 불렀던 것이다.

그저 그런 재상으로 이름 두 자 겨우 역사서 귀퉁이에 남을 뻔했던 채경이 간신으로 지목된 것은 다름 아닌 과도한 증세로 민생을 파탄시키면서까지 휘종의 사치에 돈을 대다가 금나라의 침입까지 불러왔기 때문이다.

휘종의 눈에는 더없는 충신이었겠지만 금나라가 침입하자 송나라는 망국의 일보 직전에 놓였다. 휘종은 아들 흠종에게 자리를 물려주었고, 흠종은 즉위하자마자 민심 수습을 위해 채경부터 유배를 보내야 했다. 채경은 유배지 해남도로 가던 도중에 병사했다고 정사는 기록하고 있다. 그러나 야사는, 유배 가던 도중 지방관과 백성들이 한마음이 되어 먹을 것을 주지 않아 굶어 죽었다고 전한다.

9. 제갈량의 간신 식별법

소설《삼국지연의(三國志演義)》가 아닌 정사《삼국지》를 편찬한 진수(陳壽, 233년~297년)는 유비의 아들 유선(劉禪)을 도와 촉한의 안정을 이룬 명재상 제갈량(諸葛亮, 181년~234년)을 평하면서 이렇게 말했다.

"말이 많고 교활한 자는 비록 경죄라도 반드시 벌한다. 선한 일을 하면 비록 작은 것이라 하더라도 반드시 상을 준다. 악한 일을 하면 비록 작은 것이라 하더라도 반드시 그냥 넘어가지 않는다. 이리하여 백성들은 모두 그를 경외하고 사랑했다."

《제갈량집》에는 사람의 밑바닥 본성을 꿰뚫어보는 '지인성(知人性)'이라는 짧은 글이 있는데, 여기서 제갈량은 먼저 사람의 이중성을 이렇게 통찰했다.

"사람의 본성을 아는 것보다 더 살피기 어려운 것은 없다. 선과 악은 이미 구별되지만, 감정과 외모는 반드시 일치하지는 않는다. 어떤 이는 외모가 온화하고 선량하나 실제로는 매우 간사하기도 하고, 어떤 이는 외관상 공손하지만 속으로는 음험하기도 하며, 어떤 이는 용감한 것처럼 보이지만 사실은 매우 비겁하기도 하고, 어떤 이는 최선을 다하는 듯하지만 실은 불충하기도 한다."

그 밑바닥을 알기 어려운 것이 사람의 속마음이라지만 제갈량은 다음과 같은 7가지 방법이 있으면 얼마든지 사람을 알 수 있다고 말한다. 누가 군자인지 간신인지 가릴 수 있다는 것이다. 대부분 현대 조직사회에서도 고스란히 도움이 될 듯하여 소개한다.

첫째, 어떤 일을 물어 그 대답의 옳고 그름을 통해 그 속마음을 살핀다.
둘째, 말로 궁지에 몰아넣어 그의 임기응변을 살핀다.
셋째, 계책에 관해 말해보게 해서 그의 식견의 깊이를 살핀다.
넷째, 재난이 났다고 말해주어 그의 용기를 살핀다.
다섯째, 술에 취하게 해서 그의 밑바닥 성품을 살핀다.
여섯째, 재물로 유혹해서 그의 청렴함을 살핀다.
일곱째, 어떤 일을 하기로 약속해서 그의 신뢰성을 살핀다.

이 7가지는 고스란히 간신 식별법이다.

10. 진덕수의 간신 식별법

어떤 사람을 간신이라고 단정 짓는 것은 어려운 일일 뿐만 아니라 조심해야 한다. 자칫 한 사람의 인격 전체를 말살할 수도 있기 때문이다. 그래서 공자도 간신이라는 말보다는 소인이라는 말을 더 자주 쓴 것인지도 모른다. 실제로 현대사회처럼 자기 이익 추구를 인정하는 환경에서는 충신과 간신을 식별하는 것이 옛날보다 더 어려운 일일 것이다.

그럼에도 세상에는 참으로 많은 종류의 간신들이 존재하는 것 또한 엄연한 사실이다. 한나라 말기에 교언영색으로 칼 한 번 휘두르지 않고 제왕의 자리를 찬탈한 대간이 있었는가 하면, 진나라 때 조고처럼 어리숙한 2세 황제를 겁박해 찬탈하려다 실패하고 비참한 종말을 맞은 흉간(凶奸)도 있다.

그러나 나라를 노리는 초대형 간신까지는 아니라도 그저 자신의 이득만을 채우려고 옳고 그름에 대한 판단은 집 안 벽장에 넣어둔 채 오직 윗사람의 은밀한 뜻만 살피려는 간신들은 참으로 많다.

이들의 고전적 수법은 대체로 임금이 겉으로는 표현하지 않는 속뜻을 수단과 방법을 가리지 않고 알아내어 그것을 자신이 대신 수행하는 것이다. 흔히 '총대를 멘다'고 하는 방법이다. 윗사람으로서는 고맙고 예쁘게 보지 않을 수 없으리라.

이런 간신이 설치지 않는 환경 조성은 고스란히 임금의 몫이다. 무엇보다 임금이 눈 밝고 귀 밝아야 한다. 그것이 총명이다. 애당초 총명과는 거리가 먼 임금 주변에 간신배들이 들끓게 되는 것도 그 때문이다. 반대로 임금이 정신을 차리고서 간신을 내쫓으려고 할 때는 어떻게 골라야 할까? 송나라 진덕수의 조언은 핵심을 찌른다.

군주가 자기 신하가 간사한지 바른지 알고자 한다면 대략 두 가지 방법이 있다. 계책을 내면서 나라를 따르고 임금을 따르지 않는 사람이 바른 사람(正人)이니 이와 반대로 하면 간사한 자다. 처신을 함에 있어 마땅한 도리를 따르고 사사로운 이익을 따르지 않는다면 이런 사람이 바른 사람이니 이와 반대로 하면 간사한 자다.

여기에 하나를 추가하고자 한다. 말을 함에 있어 옳고 그름은 따지려 하지 않고 오직 윗사람의 비위만 맞추려고 하는 사람은 두말할 것도 없이 간사한 자다.

11. 간신들의 충신 저지술
조조의 지략가로 제갈량과 다투었던 사마의(司馬懿)의 손자 사마염(司馬炎, 236년~290년)은 오나라를 꺾고 전국을 통일한 진무제(晉武帝)이다. 초반에는 정치 혁신과 율령 정비 등으로 태강(太康)의 치(治)를 이뤘다는 극찬을 받았지만 말년에는 유희와 쾌락에 빠져 스스로 진나라의 쇠퇴를 불러왔다는 혹평을 동시에 받기도 한다.

사마염이 오나라 정벌을 앞두고 고민에 빠졌을 때 조정은 의견이 갈렸다. 학식과 재능을 갖춘 장화(張華)는 정벌 추진론자였고, 간신배 순욱(荀勖)과 풍담(馮紞) 등은 오나라 정벌에 강하게 반대했다가 정벌이 성공하자 장화를 더욱 미워했다.

마침 무제가 앞으로 뒷일을 부탁할 만한 사람이 누구냐고 물었을 때 장화는 사심 없이 황제의 친동생 사마유(司馬攸)를 천거했다. 한때 자신과 태자 자리를 다퉜지만 그의 뛰어남에 대해서는 무제도 인정하고 있었다. 그러나 그는 음락(淫樂)에 빠져 나라의 미래에는 관심을 끊은 지 오래였다. 결국 이 일로 장화는 지방의 군사직으로 쫓겨난다.

그곳에서도 장화는 잘 다스려 중국인은 물론 오랑캐들에게까지 존경을 받게 되었고, 이 소식은 무제의 귀에도 들어갔다. 다시 장화를 조정으로 불러 중용하려 했다. 이때 풍담이 무제와 독대할 기회를 갖게 되자 대략 이렇게 말했다.

"장화는 본인의 능력이 뛰어나서 그런 것이 아닙니다. 오로지 폐하께서 믿고 써주신 덕분입니다. 그런데도 대체로 장화 같은 자는 칭찬만 받아왔기에 자신이 낸 계책은 잘못된 것이 없고, 자신이 이룩한 공은 상을 내릴 수 없을 정도로 크다고 여깁니다. 이렇게 볼 때 부왕(父王) 때 종회(鍾會)가 반란을 일으켰던 것도 실은 상당 부분 부왕이신 태조 때문입니다."

한 마디로 무제의 아버지 사마소(司馬昭)가 종회의 간을 키워 주었기 때문이라고 한 것이다. 이에 무제는 벌컥 화를 냈다. 그러자 풍담은 관(冠)을 벗어 사죄하며 이렇게 말했다.

"신이 듣건대 수레를 잘 모는 자는 반드시 여섯 마리 말에 맨 고삐의 완급을 적절하게 다룰 줄 알아야 한다고 했습니다."

흠결 없는 장화를 억제해야 한다는 말이었다. 은근 자신을 추켜올려주는 농간에 대한 무제의 답이 가관이다.

"그대의 말이 옳다."

진나라 황제 자리는 풍담의 말에 따라 아들로 이어졌다가 곧바로 쇠망하고 말았다.

12. 중상모략에 눈감은 임금

《시경》에는 간사한 자들이 음으로 양으로 결탁해 선량한 신하를 해치는 모해(謀害)를 탄식하는 시들이 많다. 그만큼 옛날이나 지금이나 공도(公道)를 내팽개치고 사익을 위해 권력을 악용하는 자들이 끊이질 않았다는 말이기도 하다. 선한 이를 중상모략하는 이들을 보고 있노라면 그 시들 중에서도 특히 〈교언(巧言)〉이라는 제목의 시를 떠올리지 않을 수 없다. 먼저 2장이다.

> 난(亂)이 처음 생겨나는 까닭은
> 불신의 실마리를 받아주기 때문이라네.
> 난이 거듭해서 생겨나는 까닭은
> 군자가 중상모략을 믿어주기 때문이라네.
> 군자가 만일 중상모략을 듣고서 화를 낸다면
> 난이 혹시라도 빨리 그칠 것이고
> 군자가 만일 바른말을 듣고서 기뻐한다면
> 난이 혹시라도 빨리 그칠 것이리라.

이때 군자란 임금이다. 여기에는 중상모략이 생겨나는 이유와 그것을 끊어내는 처방을 함께 제시하고 있다. 그러나 현실에서는 아마도 이런 처방을 받아들이는 경우가 드물었나 보다. 이어지는 3장이다.

> 군자가 (난을 끝내지는 않고) 자꾸 헛된 약속을 하는지라
> 난이 더욱 조장되고

군자가 이 도둑놈 같은 모략꾼을 믿는지라

난이 이로 인해 더욱 심해지며

게다가 이 모략꾼의 말(讒言)을 매우 달게 여기니

난은 걷잡을 수 없게 진행되도다

(저 모략꾼들) 자기 맡은 일은 하지도 않은 채

그저 왕을 병들게 할 뿐이로다.

　여기서는 결국 임금이 난의 책임자임을 분명히 하고 마지막에
는 그 같은 모략꾼들이 결국은 왕을 위하는 것이 아니라 왕을 병
들게 하는 것임을 밝히고 있다. 그리고 시인은 마지막 장을 이렇
게 끝맺고 있다.

원래 좋은 말, 바른말은 입에서 나오건만

사람을 쉽게 현혹시키는 생황(笙簧, 피리) 같은 교언은 두꺼운

낯짝에서 나오는구나!

13. 《고려사》의 제1호 간신이 된 사람

중국 역대 역사서를 흔히 24사, 혹은 25사라고 하는데 특이하게
도 당나라 역사서만 《구당서》와 《신당서》 두 종류이다. 당나라 역
사는 이미 5대10국 시대인 945년에 편찬되었다. 이것이 《구당

서》이다. 그런데 송나라가 세워지고 나서 송나라 인종(仁宗)이 다시 고쳐 쓰게 해 1060년에 새로운 당나라 역사서가 나오는데 이를 《신당서》라고 한다.

흥미로운 것은 이때 《구당서》에는 없던 〈간신열전〉이라는 항목이 생겨난 점이다. 그전까지도 이런 항목은 따로 없었다. 구양수 등이 주도한 《신당서》〈간신열전〉은 이렇게 포문을 연다.

"나무가 썩으려고 할 때에는 벌레가 반드시 생겨나고, 나라가 망하려고 할 때에는 요망한 일이 반드시 일어난다."

조선 세종 때 편찬한 《고려사》에 〈간신열전〉 항목이 들어간 것도 이 같은 영향을 받은 때문일 것이다. 《고려사》〈간신열전〉의 첫머리를 장식한 인물은 문공인이라는 사람이다.

그의 문벌은 한미했으나 귀족들과 인척을 맺어 마음대로 호사했다고 한다. 그의 특기는 외국의 환심을 사는 것이었다. 요(遼)나라에 사신으로 가서 그 나라 접대원들에게 서화, 병풍, 부채 등 진귀한 물품을 뇌물로 주어 돈독한 관계를 맺었다. 그 후 이것이 관례가 되어 사신이 갈 때마다 그를 전례로 들며 각종 물품을 끊임없이 요구했다고 한다.

오죽했으면 반역자 이자겸의 미움을 받아 충주로 귀양을 가야 했을까? 이자겸이 패망한 후 다시 조정으로 복귀한 문공인은 묘청의 난과 관련해 미심쩍은 행동을 보였다. 묘청의 난의 조짐을 미리 인지한 백수한이 왕에게 보고하자 왕은 문하평장사로 있던 문공인에게 물었다. 이에 문공인은 "이 일은 의심스러워 진위를 판단하기 어려우니 당분간 묻어두소서"라고 덮어버렸다.

서경 사람들이 묘청을 죽이고 윤첨(尹瞻)을 보내 투항을 요청하자, 원수 김부식 등은 그것을 받아들이려 했으니 문공인은 오히려 왕을 설득해 윤첨을 가두고 크게 모욕했다. 그 바람에 서경 사람들이 다시 반란을 일으켜 해를 넘겨서야 겨우 평정할 수 있었다. 《고려사》에서 그를 제1호 간신으로 꼽은 이유는 뭘까? 임금의 눈과 귀를 어지럽힌 죄라 할 것이다.

14. 후한 왕부(王符)의 간신론

후한의 은둔학자 왕부가 지은 《잠부론(潛夫論)》의 〈현난(賢難)〉편에 이런 이야기가 나온다. 한 사냥꾼이 사슴 사냥을 하고 있었고, 그 인근에서는 돼지를 몰던 무리가 있었다. 사냥꾼은 사슴을 쫓느라 마구 소리를 질렀다. 그런데 돼지를 몰던 무리는 사냥꾼의 소리를 듣고서 자신들도 크게 화답하며 소리쳤다.

그러자 이번에는 사냥꾼이 저쪽 무리에 사람이 많다는 것은 그만큼 진귀한 사냥감을 쫓는 것이라 여겨 사슴 사냥을 중단하고 사람들이 많은 쪽으로 가서 매복을 했다.

잠시 후에 석회가루를 뒤집어쓴 돼지가 자기 앞에 달려오자 이를 진귀한 동물이라 여기고 잡아다가 집에 몰고 가서 지극 정성을 다해 길렀다. 얼마 후에 비가 내려 석회가루가 씻겨나가자 일반 돼지와 다를 바가 없었다.

왕부는 이 이야기를 소개하며 그 사냥꾼의 잘못은 '바로 소리만을 쫓아 행동했기 때문'이라고 말한다. 즉 실상은 살피려 하지 않은 채 거짓된 정의를 설정해놓고 패거리를 모아서 그것을 진실인 양 믿으려 하는 사람들을 비판한 것이다. 그러면서 당시 정치 현실을 비판하며 인사를 책임진 자들이 선비를 뽑는 것을 보면 마치 그 사냥꾼이 사냥을 하는 것을 닮았다고 비꼬았다.

진실보다는 자기에게 이익이 되는 거짓에 몸을 던지는 것이 예로부터 간신들의 일반적인 행태이다. 민생이나 국민 전체의 의견과는 무관한 자기 파당만의 정치적 이익을 달성하려 하기 때문이다. 그런데 이런 일은 왕부가 살던 시대 이전부터 있었음이 분명하다. 그는 이 이야기를 전하면서 '일견폐형 백견폐성(一犬吠形 百犬吠聲)', 즉 개 한 마리가 그림자를 보고 짖으니 온갖 개들이 그 소리를 듣고서 짖어댄다는 속담을 인용하고 있다.

15. 출세에 눈먼 간신 '독사'

율곡 이이는 7세 때 〈진복창전(陳復昌傳)〉이라는 짧은 평전을 썼다. 어떤 인물이길래 일곱 살 소년이 전기까지 썼을까? 진복창은 조선 중종 30년(1535년) 문과에 장원급제했다. 이어 불과 4년 만에 정4품에 해당하는 사헌부 장령에 올랐다. 그러나 중종 말년까지 더 이상 진급은 하지 못한 채 한직이나 지방직을 떠돌았다. 실록은 그의 인품을 이렇게 평하고 있다.

"사람됨이 경망스럽고 사독(邪毒)하다."

그가 죽었을 때 사관은 그를 '독사(毒蛇)'라고 적었다. 율곡이 전기를 쓴 것이 중종 37년이다. 그에 관한 평판을 듣고 그런 인간이 되지 않겠다는 어린 소년의 다짐이 그런 글을 쓰게 만들었을 것이다.

중종이 죽고 인종에 이어 아들 명종이 왕위에 오르자 외삼촌 윤원형이 권력을 휘둘렀다. 진복창은 윤원형의 심복으로 억눌린 한을 풀고 보복에 나선다. 윤원형 세력이 일으킨 을사사화 직후인 1545년 부평부사에서 중앙으로 복귀했는데 여전히 직위가 장령이었다. 그동안 얼마나 이를 갈고 절치부심했을까. 진복창은 임금을 향해 농간을 부리는 급은 아니지만 실권자를 등에 업고 설치는 '조폭 행동대장'형 간신의 전형이라 하겠다.

사간원과 사헌부를 오가며 정적을 비롯해 당시의 뛰어난 신하들을 가차 없이 내쫓았다. 이런 공을 인정받아 승승장구해 마침내 대사간과 대사헌에 오른다. 이 과정에서 배신도 밥 먹듯이 한다. 자신을 장령으로 천거했던 이조판서 허자(許磁)를 제거하는 데 앞장섰고, 한때 자기 뒤를 봐주던 권간 좌의정 이기(李芑)가 윤원형의 견제를 받자 그를 배척하는 데 힘을 쏟았다.

젊은 신하들을 중심으로 반(反) 진복창 움직임이 거세게 일어났다. 조선의 대표적 암군이었던 명종은 '진복창은 강직하고 나라를 위하는 신하'라고 감싸려 했다. 윤원형은 계속 진복창을 옹호하다가는 자기 누나 문정왕후(명종의 어머니)까지 위태로워질 것으로 판단해 진복창을 삼수로 유배 보낸다. 과유불급을 모르는 간신의 불행한 결말이다.

16. 무혜비(武惠妃)와 이임보의 결탁

당나라 현종은 특이한 임금이다. 혼란기를 극복한 강명한 군주의 모습과 주색에 빠져 나라를 산산조각 낸 혼암한 군주의 모습을 동시에 보여주었다. 우리가 흔히 아는 양귀비와의 사랑이 보여주듯 현종은 먼저 여자에 빠지고 이어 조정 인사 중 자기 뜻만 따르는 아첨꾼을 중용하는 패턴을 보이며 자기가 쌓아올린 업적과 명성을 잠식해 갔다.

현종의 타락은 무혜비와의 사랑과 사별에서 비롯됐다. 현종의 절대 총애를 받던 무혜비는 아들 수왕(壽王) 이모(李瑁)를 후계자로 삼고자 황태자 이영(李瑛)을 비롯한 3명의 황자를 모함했다. 이들이 자기와 수왕을 죽이려 한다는 것이었다. 그러나 명재상 장구령(張九齡)이 반대해 뜻을 이루지 못했다.

이 상황을 파고든 인물이 바로 이임보였다. 당나라를 대표하는 간신 이임보는 당 현종 때 이부시랑(吏部侍郎)이 됐다. 오늘날 차관보쯤에 해당하는 자리다. 권력욕이 강했던 이임보는 환관을 통해 무혜비에게 말을 넣었다.

"수왕을 보호해 만세 후(무혜비가 죽은 후)의 계책을 행하기를 원합니다."

때마침 누가 이임보를 천거하자 무혜비는 그를 동중서문하삼품이라는 요직에 올라갈 수 있게 해주었다. 이임보는 이후 장구령에 맞서 현종의 마음을 얻어내 장구령을 좌천시키고 무혜비의 뜻을 받들어 3명의 황자를 모함해 죽게 만들었다. 어쩌면 무혜비의 차도살인(借刀殺人)이었는지도 모른다.

공자는 《논어》에서 "여자와 소인은 길러주기가 어렵다. 친하게 대해주면 기어오르고 공정하게 대해주면 원망한다"고 했다. 이때 여자란 오늘날의 여성 전체를 말하는 것이 아니라 숙녀에 대비되는 말이다. 즉 남성에게 군자와 소인의 구별이 있다면 여성의 경우 숙녀와 여자가 구별되는 것이다.

무혜비와 이임보의 결탁은 전형적으로 '여자와 소인'이 합작한 난(亂)을 만들어냈다. 책 한 권으로도 정리해내기 부족한 이임보 간신술의 핵심은 권력자들이 직접 말하지는 못하지만 속으로 간절히 바라는 것을 대행해주는 것이었다. 대간의 비책이라 하겠다.

17. 웃음 속에 칼을 숨긴 '인간 고양이'

당나라 역사는 태종(太宗)이 최전성기로 끌어올리자마자 바로 다음 임금 고종(高宗)에서 급락하고 결국 그의 황후, 즉 측천무후 시대로 이어진다.

그 흥망의 갈림길에 이의부(李義府)라는 탐욕형 간신이 있다. 그는 고종이 태자일 때 태자 사인, 일종의 심부름 담당이었다. 《신당서》〈간신열전〉은 이의부란 인물에 대해 "태자에게 아첨으로 섬기면서도 겉으로는 강직한 사람처럼 꾸몄다"고 평했다.

태종의 신임을 받았던 명신 장손무기(長孫無忌)는 고종이 즉위한 뒤 이의부의 심사를 꿰뚫어보고 그를 고종에게서 떼어놓기 위해 지방 한직으로 내쫓으려 했다. 위기에 내몰린 이의부는 승부수를 던졌다. 당시 무소의(武昭儀, 훗날의 측천)가 한창 고종의 총애를 받고 있을 때였다.

고종은 그를 새 황후로 삼고 싶어 했으나 장손무기 등 재상들의 비판이 두려워 말을 꺼내지 못하고 있었다. 이의부는 몰래 황제에게 지금의 황후를 폐출하고 무소의를 황후로 삼아야 한다는 글을 올렸다.

마침내 무소의가 황후가 되자 이의부는 재상에 해당하는 중서시랑에 올랐다. 그는 또 다른 간신 허경종(許敬宗)과 결탁해 충직한 대신들을 대거 축출했다. 〈간신열전〉이 묘사하는 이의부의 한 단면이다.

"이의부는 외양은 유순하고 공손하여 타인과 이야기할 때에 기쁜 낯빛으로 미소를 지었지만 음험하고 잔인하며 속 좁고 시기하는 생각이 마음속에 있었다.

자기의 뜻을 거스르는 자들은 모두 남몰래 해치니 당시 사람들이 소중유도(笑中有刀)라고 했다. 웃음 속에 칼이 들어 있다는 말이다. 또 부드러워 보이면서도 남을 해치니 인묘(人猫)라고도 불렀다. 인간 고양이라는 말이다."

뒤에 재상이 돼 인사권을 장악하고서 처자식까지 나서 매관매직을 일삼던 그는 결국 탄핵을 받고 유배돼 울분 속에 죽었다. 역사의 흐름을 그르친 자의 최후치고는 그나마 괜찮은 편이라 하겠다.

18. 한나라 원제와 당나라 덕종

6·25전쟁이 한창일 때 당시 국회 부의장 장택상이 조봉암(국회 부의장), 신익희(국회의장)와 함께 이승만 대통령을 찾아가 전쟁 발발 초기에 서울을 사수한다고 해놓고 부산으로 달아난 일에 대해 사과를 요구했다. 이때 이 대통령은 단호하게 거부하며 "내가 당나라 덕종이냐?"라고 말했다.

그가 이 말을 한 것은 절도사들의 반란이 연이어 일어나 수도인 장안(長安)을 버리고 봉천(奉天)으로 파천해야 했던 당나라 덕종이 겨우 전란을 수습한 뒤에 전란의 책임이 자기 자신에게 있음을 고하는 조서를 발표한 일을 염두에 둔 것이다.

덕종은 우리 역사의 광해군과 비슷하게 왕자로 있을 때 이미 전공을 세웠고, 그로 인해 태자가 돼 제위에 올랐다. 재위 초기에는 훌륭한 신하인 양염(楊炎)을 재상으로 삼아 국가 재정을 튼튼히 했다. 그러나 얼마 안 가서 번진(藩鎭)을 억압하는 정책을 추진하려다가 역으로 절도사들이 군사를 일으키자 이를 토벌하기 위해 재정을 고갈시켰다.

더 큰 문제는 이때부터 노기(盧杞), 조찬(趙贊) 등 간신들을 연이어 중용했고 육지(陸贄)와 같은 충직한 신하들을 내쳤다. 그래서 '당나라 덕종'은 중국뿐만 아니라 우리 역사 속에서도 간신들에게 휘둘리다가 나라를 망친 황제의 상징처럼 자리 잡았다.

임진왜란이 일어나기 10여 년 전에 이미 선조는 여러 차례에 걸쳐 자신이 한나라 원제 꼴이 되었다고 자탄했다. 1583년 10월 22일 선조는 이율곡을 이조판서로 임명하고 면담하는 자리에서 이렇게 말한다.

"내가 마치 한나라 원제가 임금 노릇 할 때와 같아서 소인배를 물리쳐 멀리 내쫓지 못해 나라가 거의 망해가고 있다."

원제는 유약한 임금의 상징임과 동시에 환관이자 전형적인 간신배인 홍공, 석현 등에게 휘둘리며 소망지를 비롯한 강직한 신하들을 죽음에 이르게 만든 혼군(昏君)이다.

군주가 자기 신하가 간사한지 바른지 알고자 한다면 대략 두 가지 방법이 있다. 계책을 내면서 나라를 따르고 임금을 따르지 않는 사람이 바른 사람(正人)이니 이와 반대로 하면 간사한 자다. 처신을 함에 있어 마땅한 도리를 따르고 사사로운 이익을 따르지 않는다면 이런 사람이 바른 사람이니 이와 반대로 하면 간사한 자다.

_ 진덕수(眞德秀)의 《대학연의(大學衍義)》 중에서

간신열전

초판 1쇄 인쇄일　2021년 01월 25일
초판 1쇄 발행일　2021년 02월 05일

지은이　이한우
발행인　이지연
주간　이미숙
책임편집　정윤정
책임디자인　이경진, 권지은
책임마케팅　이한주
경영지원　이지연

발행처　(주)홍익출판미디어그룹
출판등록번호　제 2020-000332 호
출판등록　2020년 12월 07일
주소　서울시 마포구 독막로18길 12, 2층(상수동)
대표전화　02-323-0421
팩스　02-337-0569
메일　editor@hongikbooks.com

ISBN　979-11-9729-763-2 (03300)